LISZ
HIRN

WER
BRAUCHT
SUPERHELDEN

Für Niki

INHALT

1

Ausgangslage: Untertan oder Übermensch

„Diederich Heßling war ein weiches Kind, das am liebsten träumte, sich vor allem fürchtete und viel an den Ohren litt. Ungern verließ er im Winter die warme Stube, im Sommer den engen Garten, der nach den Lumpen der Papierfabrik roch und über dessen Goldregen- und Fliederbäumen das hölzerne Fachwerk der alten Häuser stand. Wenn Diederich vom Märchenbuch, dem geliebten Märchenbuch, aufsah, erschrak er manchmal sehr. Neben ihm auf der Bank hatte ganz deutlich eine Kröte gesessen, halb so groß wie er selbst! Oder an der Mauer dort drüben stak bis zum Bauch in der Erde ein Gnom und schielte her! Fürchterlicher als Gnom und Kröte war der Vater, und obendrein sollte man ihn lieben."
– Heinrich Mann: Der Untertan

Unsichere Zeiten: Alles rüstet sich für einen Krieg, mit verheißungsvollen Parolen wird zum Kampf aufgerufen. Unter nationalem Getöse kommt tüchtig voran, wer flexibel und skrupellos genug ist. In den USA ist Donald Trump zum Propheten einer Wählerschicht geworden, die sich zu den Verlierern der Globalisierung, Emanzipation und den Antidiskriminierungsprozessen in der Gesellschaft zählen muss. Sie haben am meisten Autorität im Verteilungskampf eingebüßt, vor allem diejenigen ohne College-Abschluss und ohne Kapital. **Der Aufruf zur „Rückkehr zu echter Männlichkeit" erfolgt mit viel Mediengetöse. Männer sind Weicheier geworden. Der „Verweiblichung" muss verpanzerte, ja sogar heldenhafte Männlichkeit entgegengesetzt werden.** Historisch ist das nichts Neues.

Einen Monat vor Beginn des Ersten Weltkriegs 1914 vollendet Heinrich Mann sein Manuskript. In „Der Untertan" beschreibt er die Geschichte Diederich Heßlings, und damit einen Mann, der mit der Zeit geht, einen Opportunist, der geht, wohin der Wind ihn treibt. Auf diese Weise sichert er sich seinen ökonomischen und sozialen Aufstieg in der wilhelminischen Gesellschaft, die wenig später hochgerüstet Russland und Frankreich den Krieg erklären wird. Diederich glaubt wie so viele an die Macht des deutschen „Übermenschen". Ein Stereotyp, das schon vor Heinrich Manns „Untertan" existierte und sich um die Jahrhundertwende seine Bahn brach.

Die ganze Sache mit dem „Übermenschen" beginnt mit einem Buch, das anfangs keine Leser finden will. Als der Philologe und Philosoph Friedrich Nietzsche seinen „Also sprach Zarathustra" verfasst, meint er selbst darüber: „Niemals noch gab es einen Übermenschen. Nackt sah ich beide, den grössten und den kleinsten Menschen: – Allzu ähnlich sind sie noch einander. Wahrlich, auch den Grössten fand ich – allzumenschlich!"[1] Das Ziel der Menschheit liegt nach Nietzsche nicht in der Zukunft oder im allgemeinen Wohlergehen der derzeit bestehenden Gattung Mensch, sondern in den immer wieder auftretenden „höchsten Exemplaren" – eben den Übermenschen. Einer von diesen zu sein, davon träumt schon der kleine Untertan Diederich.

Der Begriff Übermensch hat bei Nietzsche sowohl eine geistige als auch eine biologische Bedeutung. Letztere wird einige Jahrzehnte später für die Nationalsozialisten von Bedeutung sein. Gut gelesen haben sie Nietzsche aber nicht. Im Gegensatz zu der nationalsozialistischen Propaganda denkt der Philosoph den Übermenschen nicht als potenten strammen Arier, sondern vor allem als ein intelligentes, moralisches Subjekt. Eines, das jenseits der traditionellen Strukturen, befreit von den Hierarchien und unabhängig von Autoritäten vergangener Epochen ist.

Vom Übermenschen findet sich bei Diederich Heßling kein Hinweis. Zwar glaubt er an den Sozialdarwinismus und damit an das Recht des „Stärkeren" Gewalt gegenüber den „Schwächeren" auszuüben, muss aber ständig fürchten, von einem Stärkeren" zermalmt oder in seiner Schwäche aufgedeckt zu werden – außer bei seinen lautstarken Auftritten im Bierkeller. Dort beschwört er stattdessen die „Wiederkehr des Deutschtums", wie es wenig später Adolf Hitler tun wird. Heßling ist eine typische Figur seiner Zeit, die nach oben buckelt und nach unten tritt, sich flexibel an die kulturellen und politischen Strömungen anpasst, solange sie ihm nur die gewünschte Sicherheit versprechen.

Heinrich Mann erklärt in seinem Roman die Bereitschaft zur Obrigkeitshörigkeit und den deutschen Größenwahn, die die Geschichte des 20. Jahrhunderts auffällig bestimmen sollten. Aber ist der Untertan typisch „deutsch"? Mann beantwortet die

Frage selbst in seinem 1919 erschienenen Essay *Kaiserreich und Republik*: „Die Eigenschaften des Untertans sind die, worauf das Reich gegründet war. Sie machen nicht den Deutschen aus, nur den Untertan."

Wer ist aber nun der typische Untertan? Nach Heinrich Mann ist es wohl der „weiche" Mann, der so gern „hart" sein will: in seinem Narzissmus, seiner Lügenhaftigkeit, im Nationalismus als ideologisches Fundament. Also sucht er sich weiche Frauen, bei denen er Trost findet und über die er Gewalt hat: von seiner Mutter über seine erste sexuelle Erfahrung mit Agnes bis zur reichen Guste, die er schließlich heiratet. So weit zu Manns Protagonisten.

Der moderne Untertan

100 Jahre später lässt sich der Roman unmöglich lesen, ohne die neuen Untertanen zu sehen. So wie Diederich Heßling Kaiser Wilhelm II abgöttisch als „Übermensch" verehrte, so sind die Vorbilder des modernen Untertans – also seine Superhelden – ein Bild traditioneller Männlichkeit, deren Wesenszüge und Werte im Kern die gleichen geblieben sind: Härte, Mut, eiserner Wille, emotionale Verschlossenheit und wenn nötig Gewalt gehören dazu – Schwäche oder Verletzlichkeit finden keinen Platz in dieser männlichen Identität.

Der Psychologe Manfred Jens Förster schreibt in seinem Werk „Hitler und Speer" 2016 über die Folgen der Defizite, die das Fehlen männlicher Vorbilder hervorruft: „Große und böse Männer behalten einige Charakteristika von mutwillig polymorph perversen Kindern, deren Triebausrichtung unentschlossen, archaisch und noch keiner eindeutigen Identität verhaftet sind."[2] Ob Alexander der Große, Nero, Hitler, Mao,

Stalin, Saddam Hussein und Osama Bin Laden: Es betrifft demokratisch legitimierte Herrscher ebenso wie autoritäre, vergangene wie aktuelle. Gefährlich ist, „dass sie ihre persönlichen Marotten und psychischen Verwerfungen zum Zentrum ihrer Politik machen. Die politische Bühne bietet diesen Kreaturen die Möglichkeit, ihre innere Leere und psychische Schwäche in ungehemmte Macht zu transformieren."[3] Auch wenn sie es im privaten Leben nicht sind, im öffentlichen, politischen inszenieren sie sich um jeden Preis als „Supermänner".

Ihre Einstellung zu den gegenwärtigen Problemen beschreibt Förster auch als „eine Widerspiegelung der muskelprotzenden totalitären Methoden eines unreifen und barbarischen Denkens. (…) Gerechtigkeit präsentiert sich allein als Sache persönlicher Stärke. Jede Einschätzung der politischen Tendenzen von ‚Superman' (…) müßte das Eingeständnis enthalten, daß die Träume von Jugendlichen und Erwachsenen heute sowohl eine steigenden Ungeduld mit den mühsamen Vorgehensweisen des zivilisierten Lebens als auch eine rastlose Begierde nach gewalttätigen Lösungen zu verkörpern scheinen."[4]

Es gibt Beispiele: Während sich Präsident Recep Tayyip Erdoğan in der Türkei Befugnisse sichern will, die denen von Adolf Hitler ähneln[5], wird er vom „Anführer der freien Welt" gelobt. „Ich bin ein großer Fan des Präsidenten", verkündete Trump bei einer gemeinsamen Pressekonferenz mit Erdoğan im Weißen Haus. „Wir haben eine großartige Beziehung."[6] Das gelte für ihr persönliches Verhältnis wie auch für die Beziehungen beider Länder. Anfang Oktober 2019 hatte Trump noch anderes getwittert. „Wenn die Türkei irgendetwas unternimmt, was ich in meiner großartigen und unvergleichlichen Weisheit für tabu halte, werde ich die türkische Wirtschaft vollständig zerstören und auslöschen"[7], drohte Trump, nachdem er aufgrund des von ihm angekündigten Rückzugs der US-Truppen aus Nordsyrien international unter Kritik gekommen war.

Oder wenn Putin mit nacktem, mehr oder weniger muskulösem Oberkörper auf einem Pferd inmitten wilder Landschaft posiert, macht er das, um Männern zu gefallen. Mit dieser Art zeigt er, dass er beharrlich an den alten Rollen und der „Dominanz der Männer" festhält. Auch Trumps sexistische Beschämungen von Frauen versuchen gar nicht erst, Frauen zu gefallen, sondern die Stimmen der „abgehängten" Männer zu lukrieren. „Wir leben", klagt Trump, „in sehr beängstigenden Zeiten für junge Männer. Jemand beschuldigt dich, und dein Leben ist vorbei." Als Gegenmittel für die vorherrschende Moral der Frauen verordnete Trump Männern bereits 2005 Pussygrabbing: „Fass ihnen zwischen die Beine, dann kannst du ALLES machen." Die Trumps, Putins und Erdoğans führen es ihrer Wählerschaft unverfroren vor: **Nimm dir, wenn nötig mit Gewalt, jedes Recht und zementiere damit deine privilegierte Rolle als Mann. Wenn Nationen (wirtschaftlich) unter Druck geraten oder sich für den nächsten Krieg rüsten, sollen die Untertanen ihre moralischen Hemmungen ablegen und ihre alte heldenhafte Mannhaftigkeit wiederentdecken: Frauen und „schwache" liberal geprägte Männer haben da keinen Platz. Stärke wird zum Maß aller Dinge.** Die Wahl dieser Charaktere ist also weder ein Unfall noch ein Zufall, mit ihnen soll auch die alte Größe zurückkehren.

2

Rückkehr der Superhelden

„Weißt du, mein Vater und meine Mutter haben sich getrennt, also hatte ich nicht viel männliche Energie in meinem Haus. Und außerdem bin ich mit einer Familie verheiratet, die nicht viel männliche Energie hat."
– US-Rapper Kanye West erklärt seine Begeisterung für Donald Trump im Oktober 2018[8]

November 2019. Die Amerikaner sind alarmiert, als der US-Präsident unangekündigt ins Walter Reed Medical Center gebracht wird – Fragen zum Gesundheitszustand werden aufgeworfen, und die Antwort von Trumps Kampagnen-team kommt prompt. Sie vergleichen Trump mit dem Superhelden „Superman" von DC Comics. Der Vergleich löst Empörung aus, denn „Superman" ist ein Einwanderer ohne Papiere, der in einer Rettungskapsel in den USA gelandet war, als sein Heimatplanet Krypton explodierte. Im zivilen Leben ist er Journalist beim Daily Planet, also einer der „Feinde des Volkes", wie ihn Trump bezeichnen würde. Ironischerweise ist Superman in der Originalversion auch der schlimmste Feind jenes Milliardärs, der im Laufe der

Story Präsident der Vereinigten Staaten wird. Trump als Superman? Hat da jemand etwas verwechselt?

Doch es ist nicht das erste Mal, dass sich Trump den Superheldennimbus gibt. So sagte der Rapper und Trump-Fan Kanye West bei einer Audienz im Weißen Haus, dass er Hillary Clinton liebe, aber ihr Wahlslogan „I'm with her" gebe ihm nicht das Gefühl, der Typ Mann oder Vater zu sein, den sein Sohn verdiente. „Als ich diesen Hut (Anm.: die Baseballmütze von Trump) aufgesetzt habe, fühlte ich mich wie Superman. Das ist mein Lieblingssuperheld."[9] Damit ist der Musiker nicht allein, für viele amerikanische Männer hat Trump doch das Unmögliche mit seiner Wahl zum Präsidenten erreicht. „America first": **Keine Heldenfigur vermittelt diese Anschauung besser als der Prototyp aller Superhelden: Superman.**

US-Superman gegen die deutschen „Übermenschen"

Er ist der erste in der langen Reihe von Superhelden, die ursprünglich nur ein Ziel eint: Hitler zu besiegen und den Eintritt der USA in den Zweiten Weltkrieg zu propagieren. Viele der Comiczeichner der späten 1930er und 1940er Jahre sind jüdischer Abstammung – so auch die Superman-Erfinder Jerry Siegel und Joe Shuster sowie Joe Simon und Jack Kirby, die Väter von Captain America. Entsetzt über die Judenverfolgung im Dritten Reich, die Expansionspolitik der Nationalsozialisten und die faschistische Propaganda von Deutsch-Amerikanern in den USA leisten sie ihren Beitrag, indem sie den ersten Comic-Helden 1938 mobil machen, um die Moral zu heben. **„Die Propaganda der Superhelden kam bei den Leuten so gut an, weil sie genau das bedienen, was die Leute haben** wollten. Sie wollten einen Helden haben, der Amerika beschützt", erklärt Comic-Historiker Cuno Affolter.[10] Gegen die deutschen „Übermenschen" wurde also der US-Superman kryptonischer Abstammung ins Feld geschickt.

Um den Krieg zu beenden, brauchte es einen Helden, der „super" zu sein hat, seine Fähigkeiten mussten über alle bekannten klassischen heldenhaften Eigenschaften und Tugenden hinausgehen. Superman musste den technologischen und sozialen Anforderungen des 20. Jahrhunderts gewachsen sein. So gelang Superman in den Comics, was kein Politiker, kein Soldat, kein Held hätte allein erreichen können: Diktatoren zu ohrfeigen, den Krieg zu beenden und die internationale Ordnung durch die gerechte Bestrafung der Übeltäter wiederherzustellen. Eine Ordnung, in der die USA den Ton angeben. Das Schema zieht sich durch die Geschichte der modernen Superhelden, die im 20. Jahrhundert beginnt. Sie bleibt jedoch in den Ursprüngen mit der Mythologie verbunden. Das Vorgängermodell des Superhelden ist das des klassischen Helden. Sein Stereotyp ist das eines körperlich gut aussehenden, starken Mannes, der durch seine außerordentlichen Taten Ruhm erlangt und so über den gewöhnlichen Menschen steht.

SUPERMAN UND DER KATEGORISCHE IMPERATIV

Wer sich schon einmal gefragt hat, warum Superman entschieden hat, für das Gute zu kämpfen, anstatt sich eigennützig an der Welt zu bedienen, wird möglicherweise von der Antwort überrascht sein: Er hat sich einfach aus freien Stücken und gutem Willen dazu entschlossen. Er tut es nicht, weil er sich davon einen persönlichen

Vorteil wie Beliebtheit erhofft, sondern er handelt, weil es „richtig" und „vernünftig" ist, das zu tun.

Genau das macht auch der moralisch sittliche Mensch bei Kant. Wie bei Superman wird bei ihm der gute Wille zur Pflicht. „Handle nur nach derjenigen Maxime, durch die du zugleich wollen kannst, dass sie ein allgemeines Gesetz werde." Der kategorische Imperativ gebietet allen endlichen vernunftbegabten Wesen, ihre Handlungen darauf zu prüfen, ob sie einer für alle, jederzeit und ohne Ausnahme geltenden Maxime folgen. Entscheidend ist, ob das Recht aller betroffenen Menschen, auch als Selbstzweck, also nicht als bloßes Mittel zu einem anderen Zweck behandelt zu werden, berücksichtigt wird.

Held ist nicht gleich Held

Helden sind ein wesentlicher Bestandteil von Mythen und ein essentielles Merkmal männlicher Inszenierung. Das ist nicht neu, interessant ist vielmehr, warum sich gerade das Modell des Helden als „harter Mann", als Ideal archetypischer Männlichkeit durchgesetzt hat. Dafür gibt es mehrere Erklärungen. Eine verweist auf die Rolle Amerikas, „das der ganzen Welt seine Bilder der Männlichkeit aufzwang: von Cowboy über Rambo bis hin zu Terminator, verkörpert durch Schauspieleridole (John Wayne, Sylvester Stallone, Arnold Schwarzenegger), fungierten diese Helden der großen Leinwand als Ventile und bringen immer noch Millionen Männer zum Träumen."[11]

Vor allem nach den Wirren des Zweiten Weltkriegs gab es ein großes Misstrauen gegen den Begriff des „Helden". Zu stark war das Unbehagen, dass jeder Held immer schon die moralischen

Kategorien seiner jeweiligen Gruppe propagiere. So vermitteln Helden und Superhelden nicht nur die von ihnen inkarnierte kulturelle Männlichkeit, sondern außerdem unsere moralischen Wertmaßstäbe, also was es in unserer Gesellschaft bedeutet, gut oder böse, Mann oder Frau zu sein. Kaum etwas steht so überzeugend für den Zeitgeist wie unsere Superhelden.

Was macht den Superhelden so besonders?

Während der Actionheld, quasi die moderne Variante des klassischen Helden, durch hartes physisches Training gestählt wird, erfährt der typische Superheld „… eine magische Wandlung, die in übernatürliche, bzw. übermenschliche/tierische Kräfte mündet. Physische, und das heißt hier: männliche Kraft wird zu etwas Symbolhaftem, das im Kampf bewiesen und moralisch verankert werden muss.“[12]

Der klassische Held in Sandalen hat heute zwar ausgedient, viele der „alten Motive“ tauchen aber bei den Superhelden wieder auf, sei es nun die spezielle Schwachstelle oder der obligatorische Kampf mit dem Erzfeind. **Neu ist, dass sich das Grundkonzept eines Helden von der antiken Vorstellung von Superkräften hin zu einer modernen Auffassung gewandelt hat, welche sich vor allem auf außerordentliche Leistungen und hohe moralische Werte bezieht.**[13] Den aktuellen Missständen und modernen Katastrophen können die klassischen Helden mit ihren Fähigkeiten wenig entgegensetzen. Auch die Gefahr, die vom Helden selbst ausgeht, also dass er seine Stärke missbraucht, um die Herrschaft an sich zu reißen, wird beim Mythos des Superhelden entschärft.

Hatte Achilles' verletzter Stolz und Machtwille beinahe noch den Griechen den Sieg vor Troja gekostet, ist Clark Kent alias

Superman ein braver Staatsbürger ohne den Willen zur Macht. Seine moralische Gesinnung verhindert, dass er mit seinen Kräften die Welt aus den Angeln hebt und sich als Diktator installiert. „Die Mission des Superhelden ist prosozial, selbstlos und universell. Das bedeutet, dass sein Kampf gegen das Böse sich den vorherrschenden Sitten der Gesellschaft anpassen muss und nicht auf persönlichen Nutzen abzielen (…) darf. (…) Dennoch ist es die Mission des Superhelden, die ihn von anderen Helden unterscheidet. Viele der Western- und Science-Fiction-Helden verfolgen nicht die allgemeine Mission des Superhelden oder die der Helden in Pulp-Magazinen, denn sie streben nicht danach, Gutes bloß um des Guten willen zu tun."[14]

Stellt der klassische Held noch eine Gefahr für die bestehende Ordnung dar, ist der Superheld der perfekte Untertan. Kämpften die klassischen Helden noch für ihre Gruppe oder Länder, geht es bei den Superhelden um nichts mehr als um die Rettung der Menschheit.

Jede Zeit hat ihre Helden

Der Mythologie-Experte Joseph Campbell war nicht der erste, der 1988 darauf hinwies, dass „jede Mythologie (des Helden oder auch anderer Art) mit einer Lebensweisheit zu tun hat, welche zu einer *bestimmten* Zeit mit einer *bestimmten Kultur* verbunden ist. Sie bindet das Individuum in seine Gesellschaft und diese in die Natur ein (…) sie ist eine *harmonisierende* Kraft."[15] Auch die Art, wie Superhelden erscheinen, ist wesentlich kulturgebunden. Wurden Heldengeschichten einst oral vor dem Lagerfeuer, später im Theater, dann via Buchdruck vermittelt, ist der Erfolg des Superhelden eng verknüpft mit dem Aufkommen der Massenmedien, zuerst dem Comicstrip, später dem Film.

Auf diesem Markt regieren von Anfang an nicht Konzepte wie Kooperation, Fürsorglichkeit oder Emanzipation, sondern gedeihen am besten Action-, Gewalt-, Helden-, Retter-, Rache- oder Porno-Fantasien. In der Monokultur der männlich dominierten Filmindustrie, wo circa 90 % aller Drehbücher von Männern verfasst werden, lässt sich nichts annähernd so gewinnbringend verfilmen wie die bewährten Heldenstereotypen. **Supermännliche oder übermännliche Fähigkeiten zählen damit zu den wirkmächtigsten Fantasien unserer Gesellschaft.** Fantasien mit Folgen?

So schreibt Vilém Flusser, ein bedeutender Kommunikationswissenschaftler und Medienphilosoph des 20. Jahrhunderts, über die Kinogeher, dass sie ins Kino gehen und dafür zahlen, um die vom Apparat erzeugte Illusion zu genießen und zu verbrauchen. Sie suchen sich unter den angebotenen Kinoprogrammen bewusst eines aus, um davon programmiert zu werden. Die globale Schlagkraft dieser Bildstrecken auf Bewusstsein, Identität und Sprache junger Menschen ist gewaltig. Sie zeigen gleichzeitig, dass unsere Fantasie keineswegs so frei und grenzenlos ist, wie wir gerne glauben wollen, sondern wird ganz im Gegenteil genauso von den Menschen und deren Ideen dominiert wie die Filmbranche, die sie hervorbringt. Am stärksten in den USA: Dort lag der Anteil von Frauen, die in den 250 populärsten Filmen Regie führten, zwischen 1998 und 2016 zwischen 5 und 9 %, in den 100 erfolgreichsten Filmen sogar bei nicht einmal 4 %.[16] Mit einer Milliarde Dollar gilt Todds „Joker" als erfolgreichster nicht jugendfreier Film aller Zeiten. Dicht gefolgt von „Deadpool", „Wolverine" und „Matrix".[17]

Gegen die bald 80 Jahre alten Brachialfantasien wie „Batman" und „Joker" sind andere Fantasien scheinbar machtlos.

Kaum eine andere Erzählung, in der Gesetze und Normen transportiert werden, kommt so gut bei der Masse an. **Was biblische Erzählungen, Mythen, Fabeln, Märchen und Propaganda versuchten, gelingt noch besser in der Form der Superhelden, die in eingängiger Form präsentiert werden. Sie bedienen das menschliche Bedürfnis nach einfacher und verständlicher Welterklärung perfekt.** Schnell machte die Comicforschung auf die eskapistische Wirkung der Superhelden-Comics aufmerksam, also die Möglichkeit den Problemen der reellen Welt zu entfliehen. Der Mythos des „Superhelden" sei lediglich ein „Mythos kleinbürgerlicher Selbstüberhöhung", wie Umberto Eco diagnostizierte. Die Superheldenfigur thematisiert archaische Fantasien: Jeder Mann will heldenhaft sein. Jeder Mann würde gern ein Superheld sein. Die Leser fänden nicht nur die bestehenden Konstrukte bestätigt, sondern auch die vorherrschende Ordnung. Superhelden repräsentieren den Zeitgeist.

Freilich gibt es seit seinem ersten Erscheinen Kritik an Supermans Männlichkeit. Damals schrieb der Psychiater Frederic Wertham über seine Bedenken in nietzscheanischer Terminologie: „In der Tat benötigt Superman (…) einen endlosen Zufluss immer neuer Untermenschen, Krimineller und ‚ausländisch aussehender' Menschen, um seine Existenz nicht nur zu rechtfertigen, sondern überhaupt erst zu ermöglichen. Diese Eigenschaft löst in Kindern eine von zwei Haltungen aus: Entweder stellen sie sich vor, selbst Superman zu sein, und entwickeln die dazugehörigen Vorurteile gegen die Untermenschen, oder sie werden gefügig und empfänglich für die Schmeicheleien starker Männer, die all ihre sozialen Probleme lösen werden – und das mit Gewalt."[18]

Entweder Superman oder nichts

Zu Recht fragt man also, welche Weltanschauung der Superheld eigentlich stützt. In der westlichen Hemisphäre, in der Religion für einen guten Teil der Bevölkerung mehr Nostalgie als Überzeugung ist, muss es einen neuen Helden geben, der die Leerstelle füllt. **Nach dem Zweiten Weltkrieg und in Zeiten des Kalten Krieges tritt er zunächst interessanterweise als moralische Autorität auf. Superman ist der erste Held, der ohne Gott und religiöses Bekenntnis auskommt.** Die Antwort auf die Frage, warum so viele Leute diesen Comic lesen würden, ist laut dem US-amerikanischen Psychologen William Moulton Marston simpel. Er ist einer der Schöpfer von „Wonder Woman", und er schreibt: „Superman und seine unzähligen Nachfolger befriedigen die menschliche Sehnsucht danach, stärker als alle Widerstände zu sein. Sie erfüllen des Weiteren den ebenso universellen Wunsch, dass das Gute über das Böse siegen möge und Unrechtes beseitigt werde, dass Unterdrückte ihren Unterdrückern ein Schnippchen schlagen (…)."[19]

Anfangs fliegt Superman nur unter der US-amerikanischen Flagge. „1938 hatten sich die USA noch nicht vollständig von der Wirtschaftskrise erholt, die Nachrichten aus Europa waren alles andere als beruhigend. Dementsprechend groß war das Bedürfnis nach starken Männern"[20], beschreibt Journalist Christian Gasser die damalige ökonomische und politische Situation der USA. Superman kämpfte für „Wahrheit, Gerechtigkeit und die Lebensart" und trug die Werte amerikanischer Überlegenheit durch massenmediale Verbreitung um den Erdball.

Erst später wird seine Mission ausgedehnt. In den 1980er Jahren tritt er als Beschützer der ganzen Welt auf. „Amerikanisch" bleibt er trotz zahlreicher Provokationen. Immer wieder blitzen die politischen Aspekte der Superheldenfiguren in den USA auf. So steht die Weigerung Supermans, seine schlimmsten Widersacher zu töten, seit jeher im krassen Widerspruch zu der in zahlreichen US-Bundesstaaten akzeptierten Todesstrafe – Batman verweigert hartnäckig die Benutzung von Schusswaffen. Ein durchaus angriffiges Verhalten, sind doch gerade die USA für ihre liberalen Waffengesetze bekannt.

Besonders weit geht die Gesellschaftskritik der Superhelden trotzdem nicht. Im Wesentlichen halten sie **die öffentliche Ordnung aufrecht. Sie sind als gesellschaftliche Vorbilder konzipiert, und als diese haben sie durchaus moralische Hemmungen, mit denen sich der Durchschnittsmann identifizieren kann.** In seiner Alltagsexistenz ist der Superheld manchmal unscheinbar und oft geradezu sozial ungeschickt. „Dazu kommt noch der Kampf gegen die Sexualität: Der Große ist rein und ohne Geschlecht, Superman darf kein Super-Mann sein und ist es auch nicht, wie wir dank seines enganliegenden Trikots sehen können. Der übermenschliche Kampf um übermenschliche Werte leidet nicht Schwächung durch die Schmutzigkeit der Begierde (…).“[21] Nicht einmal der Geschlechtstrieb kann den Kampf für eine bessere Welt gefährden. Die Männlichkeit der modernen Helden kommt mit einem entschärften Geschlechtsteil aus.

Den Teil, der noch die stärksten griechischen Helden wie Herakles aus der Contenance gebracht hat, haben die Superhelden symbolisch abgelegt. „Der Mann im Reinzustand hat nichts Menschliches mehr an sich, nicht einmal das Geschlecht, das der gefährdetste und unkontrollierbarste Teil des Mannes ist. Die männlichen Zuschauer können einen Film lang die Identifizierung mit der absoluten Macht genießen.“[22]

Die „Supermännlichkeit" drückt sich nicht nur dadurch aus, dass Superman keine Schmerzen hat, sie unterliegt weder physischen Begrenzungen noch irgendeiner erotischen oder zwischenmenschlichen Bindung. Unsere populärsten Superhelden müssen sich nicht mit einer Familie herumschlagen, selbst wenn sich einige wie Superman Clark Kent in schwachen Momenten danach sehnen. Erst in der Superheldenparodie „The Incredibles" leben die Superhelden im Familienalltag mit dazugehöriger Slapstick-Inszenierung. Ernst gemeinte Superhelden sind Einzelkämpfer. Mit ihrem Doppelleben verhindern sie gerade und exakt das, für dessen Aufrechterhaltung sie kämpfen: die bürgerlich-familiäre Idylle.

Maskiert als Übermensch, im Alltag ein Versager?

Wie jedes Lebewesen hat auch Superman mit Alltäglichkeiten zu kämpfen. Warum traut er sich nicht, die Welt ohne Maske zu retten? Welche Aufgabe erfüllt die Maskerade? Warum zeigt sich Superman nicht einfach als Clark Kent, warum diese Spaltung in maskierte und demaskierte Existenz? Generell verhüllen, verdecken und schützen Masken das „wahre" Gesicht bzw. die Identität des Trägers. Die heutigen realen und virtuellen Masken sind aber nicht nur Masken im altbackenen Verständnis, sondern auch ein Mittel zur Welterschließung. Vor allem die junge Generation erfährt sich und die Welt durch Masken, die sie beispielsweise während ihres Aufenthalts in den neuen Medien tragen. Sie erweitern oder verändern die eigene Identität und geben die Möglichkeit, sich immer wieder neu zu erfinden. Schwächen oder Laster, die der eigenen Person sozial anhaften können damit für sich und für andere ausgeblendet werden.

Wieso aber sollte der „stärkste Mann der Welt" den Schutz einer Maske benötigen? Weil der Loser erst durch die Maske zum Supermann wird. Es ist die Maskerade, die seine Supermännlichkeit sichtbar macht, erst mithilfe der Doppelidentität kann die ideale Männlichkeit erzeugt werden. Dabei geht es nicht nur um den Kampf zwischen dem spießigen Clark Kent versus Superman, sondern auch um die zivile, scheinbar befriedete Männlichkeit gegen die andere idealisierte Hypermaskulinität.

Ritter des 21. Jahrhunderts

Gerade entdeckt ein Teil der katholischen Kirche die Gruppe der verunsicherten Männer wieder, die sie plötzlich in ihrer „Männlichkeit" stärken will. Schließlich hätte das Christentum doch ein zeitloses Ideal der Männlichkeit geschaffen, das angesichts der zunehmenden Herausforderungen in westlichen Gesellschaften an Bedeutung gewinne. Auf einer gut besuchten katholischen Plattform heißt es dazu: „Diese christliche Männlichkeit verwirkliche sich in besonderer Achtung gegenüber Frauen und betone zugleich maskuline Tugenden wie Tapferkeit und Stärke."[23] Keiner anderen Kultur und keiner anderen Religion sei es zuvor gelungen, diese Dinge miteinander zu vereinen. Selbstverständlich werden bei dieser Preisung weder Kreuzzüge, Hexenverfolgung noch die Massaker bei der Missionierung der Kolonien kritisch erwähnt. „Dass dieses Konzept zeitlos gültig ist, zeigt auch die starke Resonanz auf die Arbeit des Psychologen Jordan B. Peterson (…)."[24] Diesen lobt US-Bischof Robert Barron für seinen Einsatz und ermutigt „katholische Männer" dazu, sich in der Tradition „katholischer Männlichkeit" als „ritterlicher Held" zu engagieren: „Act like a hero!"

Erzbischof Charles Joseph Chaput geht sogar so weit, das Ideal katholischer Männlichkeit als göttlichen Auftrag zu sehen: „Als Männer liegt es in unserer durch das Wort Gottes bestätigten Natur, drei Aufträge zu erfüllen: Zu versorgen, zu schützen und zu führen – nicht um unserer selbst willen, nicht für unsere leeren Eitelkeiten und Lüste, sondern im Dienst an anderen."[25] Dass dafür auch Lüste winken, deutet Jordan Peterson als Belohnung für die Männer an, die auf das Modell des christlichen Ritters zurückgreifen. Ein „echter" Mann brauche „keine abstrakten Pläne zur Rettung der Welt, sondern Mann muss zeigen, dass er mutig und stark ist. (…) Frauen bevorzugen den dominanten Mann. Männer sind nicht selten deshalb an sportlichen Wettkämpfen interessiert, weil sie so ihre Attraktivität für Frauen steigern. Mut und Stärke lassen zum Vorbild werden – nicht Mr. Nice Guy. Frauen heiraten auf ihrem sozialen Status oder oberhalb davon – nicht aber darunter."[26]

Während der Mann seit Beginn der historischen Aufzeichnungen als Norm und als Krone der Schöpfung galt, wird seine Dominanz nun infrage und der Begriff der Männlichkeit überhaupt zur Disposition gestellt. Diese Entwicklung ist sicher eine der Ursachen, weshalb dieses übertriebene Männlichkeitsgebaren keinesfalls als die Auffälligkeit von einzelnen abgetan werden darf. Das Verhältnis zwischen Frauen und Männern hat sich im vergangenen Jahrhundert dramatisch verändert.

Das eigentlich aus einer Gegenbewegung heraus kritisierte Konzept der privilegienbehafteten weißen, heterosexuellen Männlichkeit ist nicht mehr unhinterfragte Norm. Mittlerweile gibt es zahlreiche Darstellungen unterschiedlicher Formen von Männlichkeit, die auch zueinander in Konkurrenz stehen beziehungsweise den Mythos der „einen", „wahren" Männlichkeit konterkarieren. **Zusätzlich müssen Männer nicht nur Konkurrenz von anderen Männern, sondern auch von Frauen fürchten.** Klarerweise verunsichert dies besonders jene Männer, die ihr Selbstbewusstsein auf den „kleinen" Unterschied zwischen Mann und Frau aufgebaut haben, und das hat vor allem eines zur Folge: Angst.

Das geschwächte Geschlecht

„As a man, I'm flesh and blood. I can be ignored. I can be destroyed. But as a symbol – as a symbol, I can be incorruptible. I can be everlasting."
– Batman alias Bruce Wayne in „The Dark Knight"

Gewalttätig, unvernünftig, triebgesteuert, vielleicht sogar das gefährlichste Tier der Welt: Männer leben nicht nur gefährlich, sie haben auch mit dem Vorurteil zu kämpfen, für die aktuellen Krisen hauptverantwortlich zu sein. Mittlerweile ist wenig übrig geblieben von dem Charme der großen Eroberer und der Tapferkeit der Soldaten am Schlachtfeld. Kurz: Der Mythos des Mannes ist ins Wanken geraten. **Die alte Idee von Männlichkeit befindet sich in einer Krise und wird auch von Frauen hinterfragt. Das ruft Argwohn hervor.**
Die antifeministische Vorarbeit der Konservativen und Rechten, die in Europa, Russland und in den USA geleistet wurde, zeigt nicht nur sichtbare Folgen in den weltweiten Wahlergebnissen, sondern auch im unmittelbaren Zusammenleben. Der

Widerstand gegen die Emanzipation als solche brandmarkt die Gleichstellung der Frau als männer- und familienfeindliche Ideologie, die das Wohl der Männer, Kinder und sogar das der gesamten Gemeinschaft bedroht. **Natürlich sei es die emanzipierte, selbstständige Frau, die viele in ihrer Männlichkeit verunsichert.**

In ihrem provokanten Essay „The End of Men" prognostiziert die US-amerikanische Autorin Hanna Rosin, dass Frauen in der Ausbildung und im Berufsleben den Männern zunehmend den Rang ablaufen werden. Von den 15 wachstumsstärksten Arbeitsbereichen werden Rosin zufolge nur zwei mehrheitlich männerdominiert sein: die Technische Informatik und das Hausmeisterwesen. Die Möglichkeit, sich durch Arbeit der eigenen „Männlichkeit" zu versichern, wird immer schwieriger werden. Der Name „Lean Out"-Generation bezeichnet mittlerweile die Gruppe junger Männer, die sich von den eigenen Idealen verraten fühlen und ihre Privilegien auf andere Weise zu verteidigen versuchen.

Diese Angst ist aber nur eine Erklärung von vielen, warum es gerade Männer sind, die konservative und rechte Parteien wählen, die sich für ein traditionelles Familienbild einsetzen. Dabei war anfangs doch alles ganz klar. Lange Zeit privilegierte die körperliche Kraft den männlichen Arbeiter. Seit dem 20. Jahrhundert wurde durch die zunehmende Robotisierung und Verstädterung nicht nur der Arbeiter entmachtet, sondern auch der Mann. So stark er ist, er ist niemals stärker als die Maschine, die ihn ersetzt. **Während eine Generation vor ihm noch die Blütezeit der männerdominierten Industrialisierung und das globale Wirtschaftswunder erlebte, bleibt ihm nicht einmal mehr der Stolz seiner körperlichen Kraft wie der Männergeneration davor.** „Die Weltkriege vernichteten viele Männer, ließen andere aber als Helden zurückkehren. Die Gesellschaft ließ eine Lücke offen, die sie wieder füllen konnten. Heute, in einer post-heroischen Gesellschaft, in der das Militär abwertend beäugt wird und sich die Industrie jährlich dezimiert, wissen viele Männer sich nicht mehr einzureihen, sie finden keine Lücke mehr und kein Mittel mit ihren Sorgen umzugehen."[27]

Diese Frustrationen speisen das Interesse derjenigen, die sich mit dem Mythos der „Supermännlichkeit" identifizieren. Das Bild des „einfachen Arbeiters" ist wesentlich für die Narration des Stoffes. Er „wird als entmachtet, d. h. als Opfer, zugleich jedoch als moralisch korrekt und vom System nicht korrumpiert dargestellt. Ganz nach amerikanischem Mythos, der die Verantwortung in die Hände des Einzelnen legt, wird also keine Solidarisierung der Arbeiterschaft vorgeschlagen, sondern die Macht eines einsamen Superhelden, der die Untaten der Gesellschaft nach seinen eigenen moralischen Maßstäben richtet."[28] Wobei Superman die Probleme mit seinem Körper und nicht mit seiner Intelligenz löst. Dieses Terrain bleibt die Sache der Elite, die seine Erzfeinde verkörpern. Die Erzfeinde übrigens, die versprechen, dass jeder es nach oben schaffen kann, wenn er nur hart genug arbeitet. Der Mythos des Supermannes als Ausdruck vollkommener Männlichkeit ist nur in der Fiktion erreichbar „(…), wobei die Fiktion einer ‚echten', an die Werte des kleinen Mannes gebundene Männlichkeitsform aufrecht erhalten wird."[29]

Bei vielen befeuert diese Fiktion die Sehnsucht nach der „alten" Ordnung, nach einer Welt, die weniger komplex war und nach simplen Regeln funktioniert hat: Ein Mann ist ein Mann, eine Frau ist eine Frau. Und ein richtiger Mann ist stark, berufstätig und heterosexuell. Blöd nur, wenn ein

Mann die Ansprüche der vorherrschenden Männlichkeit nicht erfüllt oder erfüllen kann, weil er beispielsweise keine Arbeit findet, keine Zukunftsperspektiven hat und in einer heterosexuellen Partnerschaft keine ausreichende Bestätigung findet. Er fühlt sich – berechtigt – vom amerikanischen Traum betrogen, denn ob er nun hart arbeitet oder nicht, es können nicht alle an der Spitze sein.

Stadtluft macht frei

Diese junge Männergeneration ist in den letzten Jahren vermehrt in den Blickwinkel der Forschung gerückt. Nicht nur in den USA, sondern auch in Deutschland und Österreich zeigt sich deutlich, dass Männer anders wählen. Und das, obwohl es in Ländern wie Österreich keine Wirtschaftskrise und nur eine niedrige Arbeitslosenquote gibt. Das allein kann also nicht das Wahlmotiv sein. Das Muster Frau gegen Mann, Stadt gegen Land, höhere Bildung gegen einfache Bildung zeigt sich desgleichen auch in anderen Ländern, in denen Rechtspopulisten stärker werden.

In den USA zeigt sich die Entwicklung exemplarisch: Die Männer, die ländliche Bevölkerung und jene der Kleinstädte sowie Bürger mit einfacher Bildung entschieden sich mehrheitlich für Donald Trump. Frauen, die urbane Bevölkerung und die besser Gebildeten wählten 2016 überwiegend Hillary Clinton. Warum wählt die Landbevölkerung weltweit anders? Vielleicht weil sich traditionelle Lebenswelten am Land länger und besser halten lassen. In der Stadt zählt der Kopf mehr als reine Körperkraft, genießen Menschen größere Anonymität und vor allem mehr persönliche Freiheiten, da sie zum Überleben oder gut leben nicht auf das Wohlwollen ihrer Gruppe angewiesen sind.

Der mittelalterliche Rechtsgrundsatz „Stadtluft macht frei!" bezeugt noch die Dynamik gesellschaftlicher Emanzipation, die durch die zunehmende Wichtigkeit der Städte ausgelöst wurde: Leibeigene, die vor ihrem Grundherren in die Städte flohen und sich versteckten, waren nach einem Jahr frei. Hier lässt sich eine Analogie zu den jungen Menschen ziehen, die auf der Suche nach besseren Berufschancen, mehr persönlicher Freiheit und Selbstbestimmung (z. B. junge Frauen) und Anonymität (z. B. Homosexuelle) nach ihrem Schulabschluss vom Land in die Stadt ziehen.

Was aber macht Rechtspopulisten so attraktiv für die jungen Männer? Die Studie des Zentrums für Politische Bildung zeigt, dass es nicht nur Abstiegsängste sind. Es ist naheliegend, dahinter den Wunsch nach einer unhinterfragten Männlichkeit zu vermuten, die sie zu den Wahlurnen und in die Arme der Rechtskonservativen treibt. Auch in europäischen Ländern bildet sich dieses Phänomen ab. Viele deutsche Männer wählen die AfD[30], weil sie das traditionelle Männerbild verteidigt, das durch globalen Wettbewerb, Urbanisierung und im geschlechterpolitischen Diskurs schwer unter Beschuss steht. Vergleichbar ist die Lage mit Österreich, wo die Männer mehrheitlich dem Kandidaten der FPÖ ihre Stimme bei den Präsidentschaftswahlen 2016 gaben. Entschieden haben die Wahl allerdings die Frauen, die mehrheitlich für den späteren Wahlsieger des Grünen Kandidaten, Alexander Van der Bellen, stimmten.

Zufall? Die Studienautoren Georg Lauß und Stefan Schmid-Heher wollten das genauer wissen und befragten dazu 700 Wiener Lehrlinge nach ihrer Einstellung zur Demokratie und wie sie ihre beruflichen Chancen bewerten. Der Gruppe angehender Köche, Kfz-Mechaniker, Tischler, Bankkaufleute und Friseure wird nicht nur eher eine Tendenz zu „rechtem" Wahlverhalten unterstellt, also dass sie sich „*anscheinend nach einem starken Manr. sehnen, der für sie ihre Welt ordnet*"[31], sondern auch die Angst vor der Frau mit Universitätsabschluss und eigenem Einkommen. Vor beidem soll sie der „starke" Mann schützen, der nicht nur das Ende feministischer Kritik verheißt, sondern auch die Idee von „echter" Männlichkeit wiederbelebt. Unter seiner schützenden Hand gedeiht der Untertan besonders gut.

Gewaltige Männerfantasien

Als der deutsche Kulturtheoretiker Klaus Theweleit sein Buch „Männerphantasien" in den 1970ern veröffentlichte, war der Begriff „toxische Männlichkeit" weitgehend unbekannt. Es war damals einer der ersten Versuche, den Männertyp zu beschreiben, der den Faschismus möglich gemacht hat. Dafür hatte er über 250 Romane und Schriftstücke aus den zwanziger Jahren des 20. Jahrhunderts analysiert und erschreckende Frauenbilder und Gewaltfantasien bei faschistischen Freikorpssoldaten gefunden. Das damals Revolutionäre an Theweleits Ansatz war, dass er Faschismus nicht nur als eine Ideologie sah, der bestimmte Personen anhängen, sondern dass er darin Körperzustände sah: „Leute mit Körperzuständen, die angsterfüllt sind – Angst ist auch immer Angst vor dem eigenen Inneren, die Angst vor dem Fremden, Angst vor dem Fremden in einem selber."[32] Diese Angst hat, wo sie durchbricht, schwerwiegende Folgen, wie die Geschichte des vorigen Jahrhunderts zeigt.

Aber ist dieser Männertyp nicht längst von unserer Bildfläche verschwunden? Was lässt sich aus dieser Beschreibung für den Mann des 21. Jahrhunderts ableiten? „Bestimmte Formen von männlicher Gewalt sind ja nicht verschwunden, die sind in unserer Gesellschaft zwar gemildert gegenüber den Situationen

1919/1920, die ich beschreibe, und auch gegenüber den 30er-, 40er-Jahren, aber weltweit hat Gewalt an vielen Stellen eher zugenommen, auch gerade eine bestimmte Sorte männlicher Gewalt.“[33] Ist Gewalt demnach ein genuin „männliches“ Phänomen?

Im Allgemeinen wird unter dem Begriff „Gewalt“ die Macht und Befugnis beziehungsweise das Recht und die Mittel verstanden, über jemanden oder etwas zu bestimmen. Gewalt kann in diesem Kontext als die Besetzung oder Verteidigung von Räumen mit Körpern gegen den Widerstand anderer Körper verstanden werden.[34] Da bekanntlich sowohl Männer als auch Frauen Körper haben, können beide Gewalt ausüben. Dabei geht es um den Besitz beziehungsweise die Anwendung von Kräften in den bestehenden gesellschaftlichen Verhältnissen. So ist es kein Zufall, dass Frauen erst seit der politischen Frauenbewegung aktiv in der Superheldenliga mitspielen. „Wenn sie auftauchen, vermitteln sie die Atmosphäre einer latenten sexuellen Aggression. Vor allem machen sie das Superheldenimage lächerlich und rücken damit Superman in die Situation vieler Männer seiner Generation (der Nachkriegsgeneration), für die die Frauenbewegung einen Angstfaktor darstellt.“[35]

Im Gegensatz zu den Superheldinnen, die es aufgrund ihrer Superkräfte mit jedem Mann aufnehmen können, wenden Frauen Gewalt anders an als Männer. Spannend ist hier besonders der große Unterschied im Motiv von geschlechterspezifischer Gewalt: In den deutlich weniger Fällen, in denen eine Frau den Partner tötet, ist ihr vorrangiges Ziel, sich aus der Beziehung zu befreien. Umgekehrt geben Männer oft an, ihre Partnerinnen getötet zu haben, weil diese die Beziehung zu beenden drohten. Sie töten ihre Partnerin, um sie auf immer zu besitzen. Daten aus dem Jahr 2013 zeigen, dass jährlich 14.000 russische Frauen von ihren Familienangehörigen getötet werden. Wenn nun 2017 in Russland ein Gesetz in Kraft trat, das häusliche Gewalt entkriminalisierte und sie zu einer bloßen Ordnungswidrigkeit degradierte, was hat das zu bedeuten?

Gewalt in der Familie ist natürlich nicht nur ein russisches Problem. Einer EU-weiten Studie zufolge, die die Europäische Grundrechte-Agentur 2014 veröffentlichte, ist etwa ein Viertel aller Frauen von körperlicher oder sexueller Gewalt in der Partnerschaft betroffen. Schon zwischen 2002 und 2004 wurden 10.000 Frauen in einer Untersuchung des deutschen Bundesfrauenministeriums[36] befragt. Ihnen zufolge hatte jede vierte Frau zwischen 16 und 85 Jahren mindestens einmal im Leben körperliche oder sexuelle Übergriffe durch den Ehemann, Freund oder Liebhaber erlebt. Opfer von Gewalt in Partnerschaften – von vorsätzlicher einfacher Körperverletzung bis zu Mord und Totschlag – sind nach der jüngsten Auswertung der polizeilichen Kriminalstatistik für das Jahr 2017 zu mehr als 82 % weiblich. Fast die Hälfte davon lebte mit dem Täter zusammen. Ähnlich in Österreich: Laut der Wiener Interventionsstelle waren 2017 österreichweit 83 % der gemeldeten Opfer häuslicher Gewalt weiblich, während in 88 % der Fälle Männer die Gewalt ausübten.[37]

Einem Mythos nach werden Männer gewalttätig, weil sie ihre Gefühle nicht anders ausdrücken können. Der Mann „explodiert" eben manchmal. Doch Männer üben Gewalt nicht wahllos aus. Sie schlagen nicht ihren Chef, wenn sie wütend sind, wohl aber die Ehefrau. Gewalt wird gezielt eingesetzt, um eigene Interessen dort durchzusetzen, wo der Glaube an die männliche Vormachtstellung ungebrochen besteht – und das ist in der Beziehung zu Partnerinnen eben öfter der Fall als in der Beziehung zu Vorgesetzten.

Wenn der Chefstratege der rechtsextremen „Identitären Bewegung" in Österreich, Martin Sellner, auf Youtube erklärt, dass Frauen von Natur aus weniger geeignet für die Politik wären, meint er das nicht im Scherz. Männern, die angeblich aus ihrer „aggressiveren" Natur heraus die Kontrolle verlieren und eher zu gewalttätigem Verhalten neigen, macht er keinen Vorwurf. Sellner beschuldigt lieber Frauen, die Gewalt ins Land zu holen. Frauen würden Parteien wählen, die „die Grenzen aufreißen", wodurch es ihretwegen zu „Masseneinwanderung" und „Islamisierung" kommen würde. Er liebäugelt im Video sogar damit, den Frauen auch deshalb das Wahlrecht abzusprechen, weil sie mit ihrem feministischen und „männerfeindlichen" Verhalten den „Westen zerstört" hätten[38]. Insofern ist der Kampf der neuen Rechten nicht nur ein Kampf gegen das Fremde, sondern auch gegen eine befreite Gesellschaft.

Die Angst, die dahintersteht, ist die Angst vor Gleichheit. Theweleit beschreibt dieses Phänomen als etwas, das sich durch alle Gesellschaftsschichten zieht: „Diese ganze Abwehr des Demokratischen, die wir in der neuen Rechten sehen, das ist dieser Punkt, dass Gleichheit nicht akzeptiert wird. Dieser Typ will die Gesellschaft hierarchisch organisiert haben, mit klar oben und klar unten und der eigenen Position da drin. Und oben in diesem Konstrukt sind für diesen Typ Männer, ist eine bestimmte Männlichkeit." Sie legitimieren ihr Gewaltverhalten dadurch, dass sie damit das „natürliche" Verhältnis wiederherstellen. Und in ihrer Version des Naturzustands ist der Mann eben „oben".

Die schwelende Misogynie, also die den Frauen entgegengebrachte Geringschätzung, und die Angst vor dem „Gender-Wahn" sind also kein Zufall, sondern logischer Bestandteil von Parteien wie der AfD, der FPÖ und beispielsweise der US-amerikanischen Alt-Right-Bewegung. Die Männer werden hier nicht nur durch offene Grenzen und durch fremde Männlichkeit, sondern auch durch die wissenschaftliche Arbeit der Gender Studies bedroht, die sich eben auch mit dem Konstrukt jener Männlichkeit auseinandersetzt, die alle diese uneingeschränkt als die einzig „echte" Männlichkeit propagieren. Eine fragile „westliche" Männlichkeit aber, die nicht nur durch Feminismus und emanzipierte Frauen gefährdet und verweichlicht werde, sondern außerdem durch Schwächung nationaler Souveränität zur baldigen Machtübernahme durch Muslime führe. Die Ironie am Rande: Gerade jene rassistischen Männerrechtler, die sich vor einer Islamisierung am meisten fürchten, fordern eine „White Scharia", die Frauen wieder den Status geben soll, „(…) den sie im 19. Jahrhundert hatten, bevor der Feminismus unsere Zivilisation ruinierte."[39] Damals vertrat man die Ansicht, dass das Private frei vom Zugriff des Staates bleiben muss. Der Schutz der Privatsphäre führte unter anderem dazu, dass das staatliche Gewaltmonopol innerhalb der Familie ausgeschaltet wurde. Erst Jahrzehnte und zwei Frauenbewegungen später gestattete man dem Staat, in private Konflikte einzugreifen. Mit dem Gewaltschutzgesetz von 1997 wurde zwar viel erreicht, bestätigt die österreichische Politikwissenschaftlerin Birgit Sauer, „aber die Vorstellung von einem Vorrecht des Mannes in der Familie, dass er es verhindern darf, wenn eine Frau ihn verlassen will, ändert sich nicht in ein paar Jahrzehnten".[40]

Wenig überraschend sind es aber vor allem die großen Gewalttaten, die öffentliche Aufmerksamkeit erregen. So ermordete Ende September 2019 der 52-jährige Frank N. im deutschen Göttingen brutal eine 44-jährige Frau, die seine Annäherungsversuche stets abgewiesen hatte. Er übergoss sie auf offener Straße mit einem Brandbeschleuniger und stach auf sie ein, als sie weglaufen wollte. Auch die Kollegin, die ihr zu Hilfe eilte, verletzte er lebensgefährlich. Anfang Oktober 2019 sorgte eine Gewalttat in Kitzbühel für Aufsehen. Ein 25-jähriger FPÖ-naher Mann tötete dort fünf Menschen. Bei den Opfern handelte es sich um seine Ex-Verlobte, deren Bruder, deren Eltern und neuen Freund. Als Motiv gab er Eifersucht an – das führte dazu, dass die Tat medial als „Beziehungsdrama" verkauft wurde. Dabei verschleierte man das wahre Problem, nämlich dass eine Tat wie in Kitzbühel nicht eines, sondern nur eines von vielen Gewaltverbrechen gegen Frauen ist. Tatsächlich geht es um Machtfragen, nicht um simple „Eifersucht". Im Mittelpunkt steht meist eine Trennung oder eine Zurückweisung, die die Täter als Ohnmacht gegenüber den Frauen erleben, der sie nur mit Gewalt entgegnen können, um ihre „Männlichkeit" wiederherzustellen. Das tun sie, weil die geschlechterspezifische Gewalt denselben Ursprung hat wie die Ungleichheit zwischen den Geschlechtern.

Ungleich lebt es sich unsicher

Was meinen wir hier überhaupt, wenn wir von „Männlichkeit" sprechen? Der deutsche Sozialwissenschaftler und Psychologe Götz Eisenberg weiß über seine Tätigkeit in einem deutschen Hochsicherheitsgefängnis zu berichten: „Viele Gewalttäter sind sehr unsichere Menschen, auch in ihrer Männlichkeit sehr verunsichert. Viele Männer glaubten, dass sie diese Unsicherheit durch eine Rambo-artige Virilität überbauen können."[41] Um die Gefährlichkeit dieser klassischen männlichen Eigenschaften herauszustreichen, ist nun der Begriff „toxische Männlichkeit" in aller Munde. Was allerdings nicht bedeutet, dass Buben und Männer grundsätzlich ein Problem sind. **Es bedeutet, dass wir alle ein Problem bekommen, wenn Männer glauben, dass Männlichkeit ausschließlich auf Macht, Gewalt, sexueller Potenz und Stärke basiert. Nicht der Mann als Mann, sondern eine gewisse Form von „Männlichkeit" ist in dieser Diskussion das Feindbild.**

Die „Toxic Masculinity" ist laut Männerforscherin Katarzyna Wojnicka „eine Spielart der vorherrschenden Männlichkeit, die mit ungesundem Verhalten traditioneller Männer einhergeht".[42] Dabei geht es nicht nur, aber auch um die Bereitschaft zu riskantem Verhalten und um die Anwendung von Gewalt – entweder gegen sich oder gegen andere. „Die Nachteile des männlichen Ideals sind für die Mehrzahl der Männer umso größer, je mehr sie von der mythischen Norm von Erfolg, Macht, Beherrschung und Stärke abweichen. (…) Bestimmte Männer glauben, das Heilmittel, mit dem sie gegen das permanente Gefühl der Unsicherheit ankämpfen könnten, sei eine Supermännlichkeit anzustreben."[43] Die Folgen dieses Verhaltens sind verheerend. Statt diese „Supermännlichkeit" zu erreichen, kommen sie viel eher in den Zwang, ihre Männlichkeit unter Beweis zu stellen, auch um den Preis der Selbstbeschädigung.

Die Zahlen bezeugen eindrucksvoll die Unterschiede zwischen den Geschlechtern: So sind über 70 % der Alkoholabhängigen in Österreich Männer, Suizide verüben viermal mehr Männer als Frauen.[44] In Sachen Fremdbeschädigung sieht es noch dramatischer aus: Männer begehen zehnmal mehr strafbare Handlungen als Frauen. Sexualdelikte werden 60-mal häufiger von Männern als von Frauen begangen. Ähnlich sieht die Lage in Deutschland aus. Nach aktuellen Schätzungen gibt es dort zwischen 1,3 und 2,5 Millionen alkoholabhängige Menschen, davon sind 30 % Frauen.[45] Diese Zahlen repräsentieren zwar nur auszugsweise die Lage für Mitteleuropa, befinden sich dennoch in guter globaler Gesellschaft

mit den Zahlen für andere Gewaltakte wie Amokläufe und terroristische Aktionen. Die größte Tätergruppe bei Schusswaffenattentaten in den USA[46] sind, um hier die Reihe ohne Ausnahme abzuschließen: (weiße) Männer.

Genau diese Fakten führen das rechtspopulistische Framing ad absurdum: **Es sind nicht die bösen „fremden" Männer, vor denen sich die Männer mit Waffen schützen müssen, sondern die eigenen, vor denen sich die Gesellschaft und vor allem die Frauen fürchten sollten.** „Die strukturellen Gewaltverhältnisse, in denen die einen ausgebeutet und die anderen immer reicher werden, beruhen auf Macht durch Männlichkeit. Das müsste uns eigentlich viel mehr beunruhigen. Um davon abzulenken, spricht man von Männlichkeit immer nur dann, wenn es um Marginalisierte, Arme und Migranten geht."[47] Und das ist vielleicht die Erkenntnis, die DCs „Joker" so verstörend macht: Sein Held hat entdeckt, warum er ist, wie er ist, und er hat ein reales Feindbild, nämlich die soziale Realität: Nicht Männlichkeit an sich ist in Todd Phillips und Scott Silvers Comicverfilmung toxisch, sondern das moderne Leben. Damit wird aus dem eigentlichen Superheldengenre ein Sozialdrama mit Thriller-Elementen.

Nicht der Mann an sich ist das Problem, sondern das falsche Verständnis davon, wie ein Mann zu sein hat

Seit Februar 2011 ist die sogenannte Istanbul-Konvention[48] geltendes Recht in Deutschland, am 14. November 2013 hat sie Österreich ratifiziert. Das Abkommen, das der Europarat im Mai 2011 in Istanbul verabschiedete, verpflichtet die Unterzeichnerstaaten, systematisch gegen Gewalt an Frauen und Mädchen anzugehen. Lobenswert ist die Einsicht, dass es eine politische Entscheidung ist, wenn ein Land häusliche Gewalt als Straftat ahndet (was viele UN-Staaten noch nicht tun) und die Einhaltung der Menschenrechte mit Blick auf die Frauen verfolgt. Dennoch scheint es ein langer Weg zu einer erfolgreichen Umsetzung zu sein.

Um gleich beim Land zu bleiben, in dem die Konvention verabschiedet wurde. Laut Schätzungen sind in der Türkei mehr als 40 % der Frauen bereits Opfer häuslicher Gewalt geworden. 2017 wurden 409 Frauen getötet, wobei die Dunkelziffer weit höher sein dürfte. Offiziell werden monatlich fast 15.000 Fälle häuslicher Gewalt registriert – und diese ist noch im Steigen. Als eine der Ursachen für die Zunahme der männlichen Gewalt an Frauen in der Türkei wird die zunehmende Religiosität in Staat und Gesellschaft unter Präsident Erdoğan genannt. Wenig verwunderlich, da die in den großen monotheistischen Religionen wie Islam und Christentum propagierte Geschlechterhierarchie auch immer zur Legitimation einer bestimmten Art von Gewalt zwischen der Geschlechtern herangezogen werden kann.

Beispiel 1: Im August 2019 hat eine muslimische Gemeinde in München mit Empfehlungen für eine gute Ehe Empörung ausgelöst. Der Ehemann müsse im Streit drei Schritte einhalten: „Ermahnung, Trennung im Ehebett und Schlagen". Unter

Berufung auf einen Koranvers hieß es im Internetauftritt des Islamischen Zentrums München (IZM) im Kapitel „Frau und Familie im Islam", dass das „Schlagen der Frau" als letztes Mittel im Fall von Eheschwierigkeiten infrage komme. Nach Ansicht der „Gelehrten" habe das Schlagen allerdings „eher einen symbolischen Charakter". Von offizieller politischer Seite widersprach man sofort. So sagte Münchens SPD-Stadtrat Cumali Naz: „Wenn das IZM propagiert, Gewalt sei ein legitimes Mittel zur Lösung von Ehekonflikten, widerspricht das fundamental den Werten unserer Gesellschaft." Sprecher anderer Parteien äußerten sich ähnlich.[49]

Doch welche Maßnahmen außer dem moralischen Zeigefinger stehen der Politik zur Verfügung? Zum einen fehlen sogar in EU-Staaten wie Deutschland und Österreich nicht nur die nötigen Einrichtungen, sondern scheinbar auch das gesellschaftliche Bewusstsein, dass „toxische Männlichkeit" mehr als nur eine feministische Agenda ist.

Beispiel 2: Oberösterreich hätte 2019 148 Plätze in Frauenhäusern benötigt, tatsächlich gab es nur insgesamt 41. Durch den Neubau von drei Einrichtungen sollen bis 2026 18 zusätzliche Plätze[50] entstehen. Keine Frage, dass der Bedarf dadurch nicht annähernd gedeckt wird. Schätzungen der Wiener Interventionsstelle zufolge ist jede fünfte Frau in Österreich einmal in ihrem Leben von Gewalt durch einen nahen männlichen Angehörigen betroffen. Obwohl jedes Jahr einige tausend Frauen und Kinder in österreichischen Frauenhäusern Zuflucht finden, wurde in Österreich 2018 unter der damaligen ÖVP-FPÖ-Regierung die Finanzierung massiv gekürzt[51]. Eigentlich keine überraschende Maßnahme, ließ doch die FPÖ Amstetten schon 2012 verlautbaren, dass sie eine Subvention für das Frauenhaus

Amstetten ablehne, da „Frauenhäuser maßgeblich an der Zerstörung von Ehen beteiligt seien".[52]

Es grenzt an Bösartigkeit, die Existenz von Frauenhäusern für die Zerstörung von Familien verantwortlich zu machen. In eine ähnliche Richtung gehen konservative und rechte Positionen, die Frauen unterstellen, sie suchten sich Männer, die sie schlagen oder vergewaltigen. Fakt ist, dass gewalttätige Männer am Anfang einer Beziehung normalerweise nicht zu Gewalt neigen. Meist beginnen die Übergriffe erst nach einer gewissen Zeit des Zusammenlebens oder treten zusammen mit anderen Formen der Selbstzerstörung auf wie Alkoholismus. Viele Frauen bringen selbst schwere Vergehen gegen Leib und Leben spät oder gar nicht zur Anzeige, weil sie entweder Angst vor dem Mann, dem Stigma oder kein Vertrauen haben, dass ihre Anzeige überhaupt etwas bringt. Gut lässt sich das mit den Untersuchungen zu Vergewaltigungen belegen. In Deutschland werden zum Beispiel von 100 Vergewaltigungen nur etwa 15 angezeigt. Von diesen 15 Fällen enden wiederum nur 7,5 % mit der Verurteilung eines Täters. Der deutsche Kriminologe Christian Pfeiffer weist hier vor allem auf die auffallend hohen regionalen Unterschiede im Vergleich der 16 deutschen Bundesländer hin, von 3 % in Berlin bis zu 21 % in Sachsen.[53]

Die 2011 veröffentlichte „Österreichische Prävalenzstudie zur Gewalt an Frauen und Männern" des Österreichischen Instituts für Familienforschung (ÖIF) gibt an, dass jede fünfte Frau sehr schwere sexuelle Gewalt erlebt, nahezu jede dritte Frau (29,5 %) Opfer von sexueller Gewalt wird, davon jede vierte Frau Opfer einer Vergewaltigung. Auch die Strafverfolgung lässt zu wünschen übrig. Obwohl zwischen zwei repräsentativen Studien fast zwei Jahrzehnte liegen, zeigt sich eine bedrückende Ähnlichkeit der Ergebnisse. Die österreichische Frauenberatung meint dazu, dass „hinsichtlich der verschwindend geringen Verurteilungsquote keine nennenswerten Verbesserungen zugunsten von Betroffenen in den letzten 20 Jahren zu vermerken sind."[54]

Die Angst vor zu Unrecht beschuldigten Männern sollte sich also in Grenzen halten. Tut sie aber nicht. Einer der derzeit populärsten Kämpfer für die Dominanz der Männer, US-Psychologe Jordan Peterson, twittert beispielsweise, „dass man heutzutage für die Frage gekreuzigt werde, ob Feministinnen den Islam deshalb nicht kritisieren würden, weil sie sich unbewusst nach männlicher Dominanz sehnten".[55] Die Amokfahrt von Alek Minassian, einem Studenten, der in seinem Van auf einem überfüllten Bürgersteig wahllos Menschen niedermähte, kommentierte Peterson mit den Worten: „Er war wütend auf Gott, weil ihn Frauen zurückwiesen. Das Heilmittel dafür ist sozialer Zwang zur Monogamie."[56]

Minassian, der sich einer Online-Subkultur von sexuell frustrierten Männern namens *Incels* zugehörig fühlte, sagte im Verhör, dass er die Gewalt als Form der Vergeltung benutzte, weil er es nicht geschafft hatte, eine „Frau ins Bett zu bekommen".[57] „Ich betrachte mich als einen überragenden Gentleman", rechtfertigte er seine Tat und fügte hinzu: „Ich war wütend, dass Frauen widerwärtigen Bestien ihre Liebe und Zuneigung geben würden."[58] Wieder liegt dieser Argumentation zugrunde, dass die Frauen selber schuld an der Gewalt seien, die ihnen widerfährt. In seiner Arbeit – so Psychologe Peterson – begegne er einem „regelrechten Hunger" von Männern moderner Gesellschaften nach traditionellen Antworten auf die Frage nach der Identität des Mannes. Eine Antwort ist sehr wahrscheinlich: Gewalt.

ANGRY WHITE MEN

„Incel" ist ein zusammengesetztes Wort aus „involuntary" und „celibacy" und steht für unfreiwillig enthaltsame Männer, die wohl massiv darunter leiden, keinen Sex oder keine Liebesbeziehung zu haben. In ihrer radikalen Ausformung sind es weiße Hetero-Männer, die der Selbsthass und ein unbändiger Hass auf Frauen antreiben. Ihre aus obskuren Gewaltfantasien und -theorien gezimmerte Welt lässt sich leicht erklären: Sogenannte „Chads" sind muskulös und weisen besonders männliche Gesichtszüge auf – und würden im Gegensatz zu „Normies" von Frauen als Sexualpartner begehrt. Ihr weiblicher Counterpart heißt „Stacy" und ist das Objekt der männlichen Begierde, mit „natürlichen Kurven" und knappem Outfit. Ins Bett bekommen würden sie aber die Incels nie, denn nach ihrer Theorie bekommen 20 % der Männer 80 % des Sex. Ein Missstand, dem mit erzwungener Monogamie Abhilfe geschafft werden soll. „Männer, die meinen, einen Anspruch auf Sex zu haben, und wütend werden, wenn sie ihn nicht bekommen, sind nichts Neues. Sie haben jetzt nur eine Pseudophilosophie gefunden, an der sie sich festhalten können", sagt Kommunikationswissenschaftlerin Debbie Ging im Dezember 2018 im Interview mit „Der Standard". „Wenn wir Frauenhass, Antifeminismus und patriarchale Strukturen nicht umfassend bekämpfen, wird das Phänomen auch nicht verschwinden."[59] Wahrscheinlicher ist, dass es sich auch in Europa ausbreiten wird.

Gewalttätige Angriffe sind das, was passiert, wenn Männer keine Partner haben, sagt Psychologe Jordan Peterson, und die Gesellschaft muss dafür sorgen, dass diese Männer verheiratet sind. Diese Form der Täter-Opfer-Umkehr ist ein beliebter Trick und ein weiterer Verweis auf Minassian, der behauptete, mit Incel-Attentäter Elliot Rodger in Kontakt gestanden zu sein. Dieser tötete 2014 auf dem Campus der University of California in Santa Barbara sechs Menschen und sich selbst. Zusätzlich hatte er in einem viralen Online-Manifest den „Sturz" der feministischen Herrschaft gefordert, die die Autorität der Männer untergraben hätte. Auch im politischen Bereich wird diese Methode eingesetzt. Beispielsweise wenn sich der „mächtigste" Mann der Welt, Donald Trump, als Opfer der Medien, Feministinnen und der Elite sieht. Der Einsatz von Gewalt wird durch den eigenen Opferstatus gerechtfertigt.

Besonders trickreich verstecken sich Formen der Gewalt in althergebrachten „männlichen" Tugenden. So verwandelt sich der „ritterliche Beschützer" unbemerkt in einen kontrollierenden Ehemann oder Freund. Dann wird die Beteuerung „Ich bin verrückt nach dir" langsam zu einem „Ich hab ein Recht auf dich!" Ähnlich könnte es sich im konkreten Fall des fünffachen Mordes in Kitzbühel verhalten haben. Der Kriminologe Christian Pfeiffer sieht hier Politik und männliche Dominanz Hand in Hand gehen: „Wir erleben in der Politik den Dominanz-Typus par excellence. Bei Vergewaltigungen geht es um den Dominanzanspruch der Männer, die glauben, Frauen hätten ihnen zur Verfügung zu stehen. Und darüber hinausgehend geht es mir um die Dominanz der Männer, die glauben, alles, selbst die Natur, müsse sich ihnen unterordnen. Die glauben, sie könnten ihre Ego-Ansprüche überall ausleben."[60]

Man kommt nicht als Mann zur Welt

Doch wann ist der Mann ein Mann? Wann erfüllt er alle Kriterien? Auch die Männerforschung winkt hier ab: „Die Frage ist nicht zu beantworten. Wenn dort traditionelle Männlichkeit relevant ist, geht es um Stärke, das Erhalten der Familie und der Heterosexualität. Für andere drückt sich Männlichkeit durch Verantwortungsbewusstsein aus und dadurch, dass man ein liebevoller Vater ist"[61], so die polnische Soziologin Katarzyna Wojnicka. Was die Männerforschung zeigt, ist, dass das Mann-werden ein zutiefst sozialer Prozess ist. **Männlichkeit hat sich über die Jahrhunderte immer wieder verändert und ist keineswegs so statisch, wie konservative und rechtspopulistische Kräfte gerne behaupten.**

Man kommt nicht als Mann zur Welt, man wird es. Keine biologische, psychische oder ökonomische Bestimmung legt die Gestalt fest, die der männliche Mensch in der Gesellschaft annimmt. Analog zu Simone de Beauvoirs Feststellung „Man kommt nicht als Frau zur Welt"[62] gilt Gleiches für die Mannwerdung. Männlichkeit wird erlernt – und ist damit veränderbar. Was als männlich gilt, definiert immer die Gruppe und die Kultur, in der man sich befindet. Folgt man der These, Männlichkeit wird konstruiert und erlernt, muss man auch zur Kenntnis nehmen, dass wir sie verändern können. Es gibt weder den „richtigen" Mann noch „echte" Männlichkeit. „Im 18. Jahrhundert konnte ein dieses Namens würdiger Mann durchaus in der Öffentlichkeit weinen und Zustände bekommen; Ende des 19. Jahrhunderts durfte er das nicht mehr, wollte er nicht seine männliche Ehre preisgeben. Das, was konstruiert wird, kann auch dekonstruiert werden, um von neuem rekonstruiert zu werden."[63]

Der biologische „Mann" und das sozio-kulturelle Prinzip

„Männlichkeit" sind also nicht dasselbe. Die Bilder, die uns von klein auf prägen, sind keineswegs „geschlechterneutral". Vorstellungen vom „starken Mann", der im „Zorn seine Feinde verdrischt" und Frauen sexuell beliebig als Objekte benutzt, sind nicht angeboren, sondern werden gezielt propagiert. Mittlerweile ist es üblich, dass Männer den Kinderwagen schieben und das Baby im Brustgurt tragen. Doch weder sollte man diese Erscheinung als Regel missverstehen noch als stereotypen Gegenentwurf. Es ist

nicht so, dass die vorherrschenden Idole und Männlichkeitsikonen in den Massenmedien ausgetauscht worden wären. **Ganz im Gegenteil zeigt sich an den aktuellen Superhelden anschaulich, dass wir kaum neue Geschlechterbilder zulassen, bei Frauen schwer – und schon gar nicht bei Männern.**

Was können wir tun, um den „neuen" Männern den Weg zu bereiten? Wir müssen auch die Frauen in die Verantwortung nehmen. Wenn die Frauen daran schuld sind, dass eine gewisse Form der Männlichkeit so geblieben ist, müssen sie die Kriterien ändern, damit sich diese Art der Männlichkeit von selber abschafft. „Denn erst wenn die Frauen virile Männer wollen, wird es sie auch geben, und erst, wenn der Versorger nicht mehr gefragt ist, wird er aus dem täglichen Leben verschwinden." Damit machte die berüchtigte Autorin und Ärztin Esther Vilar schon in den 1970ern Frauen für die Spannungen zwischen den Geschlechtern mitverantwortlich: „Erst wenn die Frauen sich selbst versorgen, werden die Männer sich zur Liebe eignen."[64]

Schuld oder nicht schuld?

Männer pauschal als „giftig" zu beurteilen, wird die angespannte Situation zwischen den Geschlechtern ebenso wenig

entspannen wie die Negation einer sichtbaren Gewaltproble-
matik, die sich durch alle Gesellschaftsschichten zieht. Was,
wenn unser Versuch, Gewalt zu ächten, dazu führt, dass sie sich
umso aggressiver in unserer Gesellschaft zeigt: ob nun an der
steigenden Gewalt an Frauen, aber auch an den autodestruk-
tiven Tendenzen der Männer? Was, wenn es stimmt, wie der
Kriminologe Christian Pfeiffer vermutet, dass eine Hauptquelle
aller Probleme, die uns Angst machen müssen, eben aus dieser
Idee von der „supermännlichen" Dominanz resultieren? **Was,**
wenn die sogenannten „starken" Männer und ihre Unterta-
nen an Überbevölkerung, Terrorismus, Klimawandel schuld
wären? Sind es vielleicht sie, vor denen wir wirklich Angst
haben müssen?

4

Alternative Ängste

„Wir lassen jenen Abenteurer seines Weges ziehen, ohne uns darum zu bekümmern, inwiefern er auf demselben fand, was Angst einzuflößen vermag. Hingegen möchte ich bemerken, daß dies ein Abenteuer ist, das jeder zu bestehen hat: daß er lerne sich zu ängsten; denn sonst geht er zugrunde dadurch, daß ihm nie angst war, oder dadurch, daß er in der Angst versinkt.“[65]

– Sören Kierkegaard „Der Begriff Angst"

In einem Grimm'schen Märchen wird von einem Burschen erzählt, der sich auf Abenteuer begab, um das Gruseln zu lernen. Denn wer gelernt hat, „sich recht zu ängstigen, der hat das Höchste"[66] gelernt. Diese Geschichte von „Einem, der auszog, das Fürchten zu lernen" wurde in der Literatur zu einem Modellfall für die schwere Aufgabe jedes Menschen, Angst zuzulassen und richtig mit ihr umzugehen. Allerdings bedeutet das zugleich zu wissen, wovor man Angst haben muss. Doch wovor müssen wir eigentlich noch Angst haben?

Es ist paradox: Noch nie haben wir in Mitteleuropa so sicher und bequem gelebt wie heute. Wir (und in Anbetracht dessen, was in anderen Teilen der Welt passiert, mag das zynisch klingen) scheinen nicht nur in der „besten aller möglichen Welten" zu leben, sondern auch in der „besten aller möglichen Zeiten". Dennoch haben wir ein seltsames Verhältnis zu Gefahren und scheinen jede Art von Risiko zu scheuen, seien es nun physische, psychische oder intellektuelle Herausforderungen.

Wir haben es in vielen Bereichen geschafft, uns in höchstem Maße abzusichern. Paradoxerweise stellt nun unser Lebensstil eine echte Gefahr für uns selbst dar: Übergewicht, Krebs, Demenz und Fake news, Klimakrise, Gewalt und soziale Ungerechtigkeit. Der soziale Frieden und unsere Gesundheit sind also vor allem durch uns selbst gefährdet. Nicht nur Mikroben, auch Nachrichten sind ansteckend, und das Gehirn sei der „infizierbarste" Körperteil, so der deutsche Philosoph Peter Sloterdijk, denn täglich gebe es zahllose medial verbreitete „Erregungsvorschläge"[67]. Besonders gefährlich ist, dass wir manche Bedrohungsszenarien zu überschätzen und potenzielle Risiken mit real existierenden Gefahren zu verwechseln scheinen. Man fürchtet sich – sozusagen – vor dem Falschen zu Tode. Ein Beispiel: Wir wissen alle, dass Stechmücken zigfach mehr Todesopfer fordern als Haie. Trotzdem flößt uns die Vorstellung vom Hai die größere Angst ein (und das in Mitteleuropa). Unsere Fantasie schlägt unsere Vernunft bei Weitem, vor allem, wenn sie durch Ängste befeuert wird.

Auf Youtube, Twitter und Co. funktioniert das besonders gut, sodass Sloterdijk sogar vorschlug, zu den traditionellen „apokalyptischen Reitern" wie Hunger oder Krieg heute auch die geradezu „epidemiefähigen" sozialen Medien hinzuzuzählen, die bei den Usern „infektiöse Energien" verbreiteten.[68] „Menschen haben keinen angeborenen Sinn für Wahrscheinlichkeiten. Es gibt kein psychologisches Organ, das es uns erlaubt, zwischen Gefahren und Risiken zu unterscheiden. Eine Gefahr erleben wir, wenn wir im Busch einem Löwen begegnen. Gefahr bedeutet eine präsente Bedrohung für Leib und Leben." Im Gegensatz dazu ist ein Risiko eine mathematisch ausgedrückte Wahrscheinlichkeit eines Schadens. „Wir sind durch alte Muster emotional so programmiert, dass wir Risiko in Gefahr übersetzen – dabei vergrößern wir es im Maßstab eins zu einer Million."[69]

Die Angst vor der Angst

Sich näher mit dem Begriff „Angst" zu beschäftigen, kann helfen, sie aufzulösen oder sie zumindest zu verstehen. Was ist eigentlich Angst? **Angst kann uns helfen, Gefahren zu erkennen und darauf zu reagieren. Sie mahnt uns zu Vorsicht und Aufmerksamkeit, verschafft uns die nötigen Energien, um entschlossen zu handeln, Schutzmaßnahmen zu ergreifen oder Herausforderungen anzunehmen und unsere Kräfte zu mobilisieren.** Ein aktuelles Beispiel: Die junge Klimaaktivistin Greta Thunberg rief 2019 die ökonomische und politische Elite in Davos zu sofortigen Maßnahmen auf: „Ich will, dass ihr handelt, als wenn euer Haus brennt, denn das tut es. Ich will eure Hilfe nicht. Ich will nicht, dass ihr ohne Hoffnung seid. Ich will, dass ihr in Panik geratet, dass ihr die Angst spürt, die ich jeden Tag spüre."[70] Angst zu haben, ist eben nicht per se unvernünftig. Vielmehr sollte man wissen, wovor man Angst hat. Entscheidend ist es, „berechtigte" Ängste von „unberechtigten" unterscheiden zu lernen. Eine aufkommende Angst kann auf eine tatsächlich bestehende Gefahr hinweisen oder, wie im Fall der *Phobie*, sich in Form von psychischer Abwehr auf einen unbedeutend scheinenden Gegenstand verschieben. Dabei ist es vollkommen egal, ob die Bedrohung echt ist oder eingebildet – die körperliche Reaktion ist dieselbe. In diesem Sinn macht Thunberg einiges richtig. Sie übersetzt die unbestimmte Angst vor den Folgen eines Klimawandels für die Anwesenden in die konkrete Furcht zu verbrennen. Damit erwirkt sie mehr, als sie mit der Aufzählung statistischer Fakten und bedrohlicher Wahrscheinlichkeiten je hätte erzielen können. Aber wie und wann lernen wir Bedrohungen und Ängste zu unterscheiden und mit ihnen auch umzugehen?

KIERKEGAARD UND DIE ANGST

Einer der ersten, der sich ausgiebig mit der Angst beschäftigt hat, war der dänische Philosoph und Pastor Sören Kierkegaard. Er sieht in der Angst einen der Grundzüge des Menschseins. Während er die Angst als gegenstandslos sieht, unterscheidet er von ihr die Furcht, die immer die Furcht vor etwas Konkretem ist. Man fürchtet sich vor etwas, aber man hat Angst. Im Gegensatz zur Angst ist sich die Furcht immer ihres Gegenstands bewusst, Angst hingegen bleibt diffus: bei Sorgen um Menschen, die uns lieb sind, um Geld- oder Arbeitsplatzverluste, zu erkranken, an Prüfungen zu scheitern, vor den Schmerzen beim Zahnarzt, dass Fremde uns Böses wollen. Im Unterschied zu vielen anderen hält Kierkegaard die Angst für notwendig, um etwas zu lernen.

Angst beginnt bereits in unserer Kindheit. Die Psychologin Ellen Sandseter zeigt mit einem Beispiel, wie das System „Kind" funktioniert[71]: „Kinder brauchen auf Spielplätzen die Möglichkeit, sich Risiken auszusetzen und ihre Ängste zu überwinden." Laut ihrer Forschung brauchen Kinder die Auseinandersetzung mit Höhe und Geschwindigkeit, um spätere Ängste zu überwinden. Sie testen sich selbst aus, indem sie ihren Risikoquotienten kontinuierlich steigern. Kinder schon von einem frühen Alter bestimmten Herausforderungen auszusetzen, ist laut Sandseter das Beste, „denn Kinder wenden bei ihrem Spielverhalten die gleiche Methode wie Psychotherapeuten bei der Behandlung von Angstpatienten an, indem sie sich langsam Schritt für Schritt, immer gefährlicheren Situationen aussetzen". Kinder, die sich keinen Risiken aussetzen können oder dürfen, „(...) suchen sich gefährlichere Plätze oder lassen die gesunde Bewegung gleich ganz bleiben", so der Professor für Risikomanagement David Ball. Fazit von beiden: Ein gewisses Maß an Risiko ist unerlässlich, um die eigenen Grenzen kennen und überschreiten zu lernen. Nur dann lerne man, wovor man sich berechtigt fürchten muss.

Haben wir also einfach nicht gelernt, uns vor den richtigen Dingen zu fürchten? Wie kann es beispielsweise sein, dass uns berechtigte Ängste wie jene vor einer Klimakatastrophe eher kalt lassen, während selbsternannte Wunderheiler unberechtigte Ängste zu den Auswirkungen von Mutter-Kind-Pass-Impfungen schüren? Es hat nicht nur damit zu tun, dass sich Ängste damals wie heute nicht nur leicht erzeugen, sondern ebenso schnell verbreiten lassen, vor allem wenn sie von denen verbreitet werden, die sich rühmen, vor nichts Angst zu haben. Wenn die Angstlosigkeit mit großer politischer Macht einhergeht, wird es gefährlich. „Er ist furchtlos", erklärt Roger Stone, der ehemalige Wahlkampfberater, der Trump seit 1979 kennt. „Er ist hart im Nehmen." Stone, der wegen seiner Bewunderung für den verstorbenen 37. Präsidenten ein Tattoo von Richard Nixon auf dem Rücken trägt, fügt über Trump hinzu: „Nixon war schlauer, aber Trump ist härter."[72] Kierkegaard hätte an dieser Stelle wohl gesagt: „Sollte dagegen der Sprechende meinen, das Große an ihm sei eben, daß ihm nie angst war, so werde ich ihm mit Vergnügen meine Erklärung dieser Erscheinung eröffnen: daß er nämlich sehr geistlos ist."[73] Kierkegaard sagt also, wer angstlos ist, ist dumm. Das deckt sich wenig überraschend mit vielen Meinungen über das Weiße Haus, wirft allerdings auch ein interessantes Licht auf unsere populären Superhelden. Angstfrei sind auch sie nicht, müssen sie doch Angst um die Menschen haben, die ihnen nahestehen. Aber müssen die sich eigentlich vor etwas fürchten? Einer wie Superman kann nur getötet werden, wenn er der Strahlung eines nur für Kryptonier gefährlichen Minerals ausgesetzt wird. Ansonsten ist er unverwundbar: der Traum jedes Supermannes von Trump bis Erdoğan.

Historisch gesehen ließen sich Gefühle wie Angst immer gut zur Herrschaftsausübung instrumentalisieren. Angst kann eine „politische Ressource" sein, mit der Politiker ihre Legitimität und Autorität erhöhen können. Der Schweizer Sozialhistoriker Jakob Tanner schreibt dazu: „In allen Fällen von kollektiven Ängsten, die ich kenne, ist politische Macht im Spiel. Das war bei der Massenhysterie im Ersten Weltkrieg so und auch bei der Angst vor der Atombombe im Kalten Krieg."[74] Die Rechnung ist einfach: Wer Angst hat, muckt nicht so schnell auf und unterstützt die „starken" Männer, die versprechen, das Problem – notfalls auch mit Gewalt – zu lösen. Migration, Arbeitslosigkeit, Verlust des Lebensstandards, Feminismus und – eben auch Impfungen: Die folgenden ausgewählten Ängste haben eines gemeinsam: Nicht einmal unsere Superhelden könnten uns in diesen Fällen beschützen.

Die „böse" Chemie

Die meisten Ängste haben eine Geschichte, eine zum Beispiel in der Ökobewegung, die seit den 1970er Jahren im gesamten deutschsprachigen Raum eingesetzt hat, und „Naturbelassenheit" als das A und O ihres moralischen Framings festschrieb. Alles soll so „naturbelassen" wie möglich sein, denn was „natürlich" ist, ist gut. „Angesichts all dieser Umwälzungen und Unsicherheiten ist die Versuchung groß, sich auf die gute alte Mutter Natur zu berufen und die Ambitionen der vorangehenden Generation als Verirrung anzuprangern"[75], wettert die französische Historikerin und Philosophin Elisabeth Badinter in ihrem Buch „Der Konflikt". Nicht nur in Bezug auf die Klimakrise, die knappen Ressourcen und Umweltkatastrophen sei eine radikale Rückkehr zur Natur nötig, sondern in allen Belangen. Und welches Medium ist von mehr Belang und Sorge für jeden Einzelnen als sein Körper?

Diese Ideologie hatte schnell weitreichende Folgen für die Gesellschaft, vor allem für die Frauen. Umfragen und Umsatzzahlen belegen die neue Pillenangst und die Angst vor Hormonen, die Frauen lieber zu „natürlichen", aber vergleichsweise unsicheren Praktiken der Empfängnisverhütung wie zum Beispiel der Kalendermethode greifen lassen. Alles soll schön „natürlich" sein, ob beim Verhüten, Schwanger werden, Gebären, Stillen oder generell beim Muttersein. Dass es für eine Frau „natürlich" wäre, in ihren fruchtbaren Jahren bei regelmäßigem Geschlechtsverkehr eigentlich ständig schwanger zu sein, wird weniger kommuniziert. 10 bis 15 Kinder pro Frau wären „natürlich". Dass wir diesen Umstand zu verhindern und zu kontrollieren gelernt haben, sowohl als Individuen wie auch als Gesellschaft, ist eine kulturelle Leistung. Trotzdem haben wir die Angewohnheit, „die" Natur als moralische Kategorie zu verwenden. Hier das „gute" Bio, da die „schlechte" Chemie. Dieses Schwarz-Weiß-Denken hat schwerwiegende Konsequenzen. Eine davon lässt sich anhand der akuten Impfdebatten in den westlichen Industrieländern gut darstellen. Sie zeigt, dass die Behauptung zu Beginn des Kapitels tatsächlich wörtlich genommen werden kann. Nämlich dass letztlich nicht nur Krankheiten ansteckend sind, sondern auch Ängste.

Vertrauen ist gut, Kontrolle ist Pflicht?

Geradezu paradox ist, dass es oft Menschen aus wohlhabenden Ländern sind, die Impfungen verweigern. Also genau diejenigen, die sich die Impfungen ohne Weiteres leisten könnten. Eine Studie der britischen Wohltätigkeitsorganisation Wellcome zeigte im Juni 2019, dass in Westeuropa 22 % glauben, dass Impfungen gefährlich sind, in Österreich stimmten 21 % dieser Aussage zu.[76] Damit aber nicht genug: In einer zwischen April und Dezember 2018 durchgeführten Studie des Meinungsforschungsinstituts Gallup mit mehr als 140.000 Menschen ab 15 Jahren in 144 Ländern zeigte sich deutlich, wie unterschiedlich das Impfen und der Nutzen von Impfungen wahrgenommen wird. So steht ein Viertel der Österreicher Impfungen kritisch gegenüber. Die, die ihre Kinder nicht impfen lassen, haben Angst vor negativen Auswirkungen, Skepsis gegenüber der Wirksamkeit der Impfstoffe oder Misstrauen gegenüber der Pharmaindustrie. Neben den Impfskeptikern gibt es auch noch einen immerhin zweistelligen Prozentsatz an Österreichern, der die Wirkung von Impfungen leugnet oder sie schlicht als nicht notwendig erachtet. Diese Nachlässigkeit im Impfen hat Folgen, nicht nur für den Einzelnen, sondern für alle. Derzeit liegt die Durchimpfungsrate in

Österreich bei etwa 80 Prozent, in Deutschland etwas höher. Um Infektionskrankheiten wie die Masern auszurotten, müssten laut Zielvorgabe der Weltgesundheitsorganisation (WHO) 95 % der Bevölkerung immunisiert sein.

Eine Zahl, von der die USA 2019 nur träumen kann: Angesichts der besorgniserregenden Ausbreitung von Masern hatte US-Präsident Donald Trump Eltern nun doch zur Impfung ihrer Kinder aufgefordert. Der Ausbruch wurde von den Behörden auf einen unzureichenden Impfschutz zurückgeführt. Schuld daran seien unter anderem Fehlinformationen über die Sicherheit von Impfstoffen. Fehlinformationen, zu denen zuvor Trump aktiv beigetragen hatte. So hatte er in der Vergangenheit wiederholt behauptet, Impfstoffe seien gefährlich, und einen Zusammenhang zwischen Impfungen und Autismus bei Kindern angedeutet. Ein Irrglaube, der von Impfgegnern verbreitet wird. Doch Trump ist kein Ausreißer: Die jetzige Masern-Ausbreitung in den USA folgt laut Weltgesundheitsorganisation WHO einem globalen Trend. Die US-Gesundheitsbehörde CDC alarmierte, dass die Zahl der Masern-Erkrankungen auf dem höchsten Stand sei. Und das, obwohl sie im Jahr 2000 in den USA als ausgerottet erklärt worden war.[77]

Wie kann es sein, dass die Impfakzeptanz in Ländern wie Bangladesch und Ruanda so viel höher ist als in reichen Ländern wie Österreich, Deutschland oder den USA? Eine Erklärung dafür ist, dass, wer nicht selber oder in seinem Umfeld mit den sichtbaren Auswirkungen eines Ausbruchs konfrontiert ist, die reale Gefahr der Erkrankung nicht mehr richtig einschätzen kann. Die Krankheit, die wir nicht sehen, existiert für uns nicht. Außerdem ist die Gefahr, sich in den reicheren Ländern anzustecken, derzeit noch geringer – selbst ohne Immunisierung.

Plötzlich wird die Impfung für gefährlicher gehalten als die Ansteckung mit der Krankheit, die sie bekämpfen sollte. Auch wenn Impfen in seltenen Fällen ein kleines Risiko für den Einzelnen beinhaltet, stellt es meist ein wesentlich größeres Risiko dar, sich nicht impfen zu lassen. Um Risiken besser einschätzen zu können, hilft es, sich ein wenig mit Statistik auszukennen. „Wer ein paar statistische Prinzipien verstanden hat, der kann seine Entscheidungen vernünftig und emotional zugleich treffen"[78], erklärt der deutsche Psychologe Gerd Gigerenzer. Mit etwas statistischem Wissen ließe sich dieser unberechtigten Angst durchaus beikommen und die Einsicht erreichen, dass die individuelle Freiheit ihre Grenzen dort hat, wo sie die Gesundheit und das Leben vieler anderer, auch derer, die wir lieben, gefährdet. **Sogar Superhelden können uns nur gegen Gefahren von außen schützen. Gegen die Unvernunft sind selbst sie machtlos.**

Jungfräulichkeit als Lebensstil?

Tokio. Ein junger Mann macht Atemübungen mit einer älteren Frau. Sie beobachtet seine Bewegungsabfolgen und gibt ihm sachte Anweisungen. In der Therapie soll er lernen, seinen Körper spüren zu lernen: Er ist über 30, ein Junggeselle, der sexuell nicht erregt werden kann, es sei denn, er beobachtet weibliche Roboter in einem Spiel, das den Power Rangers ähnlich ist.[79] In der Therapie will er lernen, wie er dem anderen Geschlecht auch körperlich nahe kommen kann: zumindest einmal in seinem Leben möchte er Sex haben. Für eine Beziehung nach einem anstrengenden Arbeitstag fehlte ihm bisher die Energie, stattdessen leistete ihm ein virtueller Avatar der „Dating-Simulation" Gesellschaft. Von dieser digitalen Frau kann er sicher sein, dass sie nicht nur jederzeit perfekt aussieht, sondern auch, dass er sie jederzeit offline nehmen kann. Für die japanische Regierung ist dieses „Zölibat-Syndrom" bereits Teil einer drohenden nationalen Katastrophe, da das Land eine der niedrigsten Geburtenraten der Welt hat. Was sich an Japan gut beobachten lässt, ist, wie sich ein striktes Reglement der Geschlechterbeziehungen in einer digitalisierten, hochoptimierten Gesellschaft auswirken kann.

Doch nicht nur Japans Unter-40-Jährige scheinen das Interesse an konventionellen Beziehungen zu verlieren. Immer öfter werden „Intimitätsfantasien" in Nullen und Einsen übersetzt. Weltweit suchen immer mehr Menschen nach potenziellen Partnern im Internet. Schon 2002 gab es die Online-Partnervermittlung Parship in Österreich. Seitdem gibt es hunderte Anbieter im deutschsprachigen Raum, die für jeden Topf einen passenden Deckel versprechen. Die, die sich den Ärger einer Ehe oder einer dauerhaften Beziehung ersparen wollen, switchen auf andere Plattformen. Der Mutterkonzern von Tinder konnte sich 2018 über einen Umsatz von 632 Millionen Dollar freuen. Nicht schmal für eine Online-Sexvermittlungsagentur, die damit wirbt, „mehr als eine Dating-App", sondern „eine kulturelle Bewegung"[80] zu sein.

Wie entwickelt sich das Konzept Partnerschaft im Rahmen der neuen digitalen Möglichkeiten? Auf jeden Fall führen sie zu der Frage, wie wir die echte und die digitale Welt regeln wollen. So kritisierte die IT-Expertin Charlotte Stix, dass die von jungen Männern dominierte angewandte Informatik zwar zu Apps wie Tinder, Uber oder Pizzabestellungen per Mausklick führten, die deren Bedürfnissen entsprächen. Es müsste aber viel mehr Gehirnschmalz und Geld für Technologien aufgewendet werden, die adäquat auf die großen Herausforderungen reagierten, vor denen die Welt heute stehe.[81]

Mittlerweile wird ein Zusammenhang zwischen den immer

häufiger auftretenden Potenzproblemen bei jungen Männern und der Digitalisierung von Sexualität hergestellt. So erklärt sich der Urologe Markus Magreiter die zunehmenden Zahlen an erektiler Dysfunktion: „Es kann an der Durchblutung, den Nerven, den Hormonen oder dem Kopf liegen. Natürlich gibt es auch jegliche Kombinationen daraus. Gerade krankheitsfördernde Lebensumstände wie Überernährung, Bewegungsmangel, Stress, Rauchen oder einige Medikamente wirken sich negativ auf die männlichen Sexualfunktionen aus. Psychologische Faktoren spielen insbesondere bei jüngeren Männern eine große Rolle. Die Änderung des männlichen Rollenbildes und die Digitalisierung der Sexualität könnten hier einen Einfluss haben."[82]

REN'AI-SIMULATION – LIEBESSPIELE 3.0?

Die Gaming-Welt bietet weit mehr als Shooter und Strategiespiele. Ren'ai-Simulationen sind außerhalb Japans auch als „Dating Sim" (kurz für dating simulation) bekannt. Ziel ist der Aufbau einer virtuellen Liebesbeziehung zu einer Spielfigur in bekannter Anime-Grafik. Um mit einem Mädchen in Kontakt zu kommen oder diesen weiter auszubauen, muss der Spieler – abhängig vom Charaktertyp des Mädchens – sich nun neue Sachen kaufen, Sport treiben bzw. arbeiten, um seine Parameter über einen bestimmten Schwellenwert zu verbessern. Zusätzlich muss der Spieler dem Mädchen durch Reden Interesse zeigen. Gelingt ihm das, steigt ihre Zuneigung zum Protagonisten. Hat der Spieler erst das Herz des Mädchens gewonnen, kann er „zur Belohnung" eine Sexszene mit ihr sehen.´

Virtueller Traum und körperliche Realität liegen im Netz weit auseinander. Eines scheint jedoch selbst das Internet nicht ändern zu können: Bei der Partnersuche bevorzugen Männer Frauen unter ihrem Status, Frauen wählen öfter einen Mann über ihrem. Wobei es arbeitslose Männer und sehr gebildete Frauen selbst online schwer haben, einen Partner zu finden. Aber nicht nur das. Der Unterscheid zwischen einem analogen Treffen mit einem realen Freund und dem Aufwand, den das Gehirn für eine Chatnachricht benötigt, sagt viel aus: Während das Gehirn für die erste Begegnung an die 11 Millionen Bits pro Sekunde verarbeiten muss, fallen nur 40 Bits pro Sekunde bei der digitalen Interaktionan, reale Treffen verlangen von uns im Vergleich dazu ein Vielfaches an Denkleistung! Die persönliche Interaktion birgt doch immer eine Art von Risiko: beispielsweise Ablehnung, ungeahnte Zuneigung, Langeweile oder Begehren. Vielleicht kann man sich in der Realität auch einfach nicht riechen. Algorithmen ermöglichen es, nicht aus der eigenen Komfortzone oder Blase heraustreten zu müssen.

Es scheint, als hätten Geräte wie das Smartphone nicht nur unsere Fähigkeiten zur Selbstkontrolle überwältigt, sondern auch unser Interesse am Anderen. „In der analogen Kommunikation haben wir in der Regel einen konkreten Adressaten, ein personales Gegenüber. Die digitale Kommunikation fördert dagegen eine expansive, entpersonalisierte Kommunikation, die ohne personales Gegenüber, ohne Blick und Stimme auskommt."[83] Das Internet stellt zwar eine Verbindung her, aber keine Beziehung.

Der Jugendbegriff „Smombie" (aus „Smartphone" und „Zombie") zeigt, dass Jugendlichen das Problem nicht verborgen bleibt: Smombies sind Menschen, die durch den ständigen

Blick auf ihr Smartphone so stark abgelenkt sind, dass sie ihre Umgebung kaum noch wahrnehmen. Diese Beschreibung scheint nicht übertrieben, wenn man sich die kürzlich veröffentlichte Studie der deutschen Krankenkasse DAK ansieht. Dieser zufolge verbringen 85 Prozent von knapp 100.000 befragten Jugendlichen im Schnitt drei Stunden täglich damit, Nachrichten auf Whatsapp zu schreiben oder Fotos auf Instagram anzuschauen. Das passiert allerdings nicht nur zuhause, sondern auch im Kaffeehaus oder im Verkehr. Letzteres hat oft unangenehme Folgen. Die Statistik Austria hat die Zahlen der Polizei ausgewertet und kommt im August 2019 zum Fazit: Jeder fünfte Fußgänger-Unfall in Österreich passiert wegen „Smombies". Vor allem jüngere Verkehrsteilnehmer unterschätzen die Gefahr der Ablenkung. Aber auch im Autoverkehr ist das Mobiltelefon am Steuer mittlerweile für die meisten Unfälle verantwortlich.

Digitale Technologien sind nirgendwo mehr wegzudenken. Sie vereinfachen unser Leben in vielen Bereichen und verleihen uns sprichwörtlich Superkräfte. Plötzlich sind wir allwissend wie Google, zu jeder Zeit erreichbar und das ohne körperliche Anstrengungen. Es scheint jedoch, dass die digitalen Technologien unser Leben auch verschlechtern können. Es lohnt sich, zum besseren Verständnis einen Blick in die Vergangenheit zu werfen. Zu Zeiten des Kurierdienstes trafen Menschen und Nachrichten mit derselben Geschwindigkeit ein. Die Verzögerung entsprach der Realität. Im Unterschied zu damals sind wir jetzt einem permanenten Informationsstrom ausgesetzt, der uns die Nachrichten beinahe in Echtzeit liefert. Plötzlich war es Alltag, dass man ‚(…) auch ganz anders leben und tauschen, reden und denken, lieben und essen kann, als man es bislang gewohnt war. (...) Das Lesen (Anm: der Informationen) sorgt für systematische Komplexitätssteigerungen, indem es alles, was der Fall ist, als kontingent erfährt. Könnte es doch anders sein. Was der Fall ist, könnte alsbald im Fall sein."[84] Bedingt durch die so entstehende Informationsflut zerbrechen nicht nur die alten Diskurse, sondern auch die einstigen Ängste – diese werden allerdings durch neue ersetzt.

Aus der Angst, Zeit zu verschwenden, ist die Angst geworden, etwas zu versäumen: genannt FOMO (abgekürzt für „the fear of missing out"). FOMO quält nicht nur die Jungen, sondern mittlerweile auch Menschen im Pensionsalter. Sie ist ein Phänomen des digitalen Zeitalters und Ergebnis des Zwangs der digitalen „Aufmerksamkeitsökonomie". Über diese lässt der ehemalige Chefentwickler bei Firefox Aza Raskin wissen: „Die erfolgreichsten Unternehmen haben gelernt, wie man Menschen als Ressource nutzt, die man ausschöpfen kann." Und treffen sie an ihrem wunden Punkt. „Was wünschen wir uns? Aufmerksamkeit. Unternehmen schaffen es, uns süchtig danach zu machen."[85] Beispielsweise indem man das „angeknackste" Selbstwertgefühl vieler Menschen anspricht. Das trifft auch auf junge Männer wie Dave zu, der Tinder als „Befreiung" sah. „Davor hatte ich kaum Sex, und nicht nur das, sondern auch sonst keine Nähe zu Frauen oder irgendeine Form von Zärtlichkeit (...) Es hat sicher etwas mit Selbstvertrauen zu tun. Ich war immer schon sehr gehemmt, Frauen anzusprechen. Die Situation war natürlich belastend für mich, aber ich konnte es irgendwie jahrelang ignorieren, beziehungsweise verdrängen."[86]

Zweifelsohne ermöglicht das Netz vielen Menschen den Zugang zu anderen Menschen, die sie wahrscheinlich so nie kennengelernt hätten. Aber kann diese schöne, neue digitale Welt auch Nähe und Intimität garantieren? Der Psychologe und einer der Parship-Gründer Hugo Schmale findet klare Worte: „Nein, Liebe ist natürlich nicht planbar. Ich würde meinen, die Wahrscheinlichkeit, Glück in der Liebe zu finden, wird durch solche Hilfen erhöht. Sicherheit ist da aber nicht zu bekommen."[87] Die Angst vor Nähe haben Menschen wie Dave in jedem Fall mit den bekannten Superhelden gemeinsam: Auch sie bleiben trotz ihrer Superkräfte meist allein und haben selten ein ausgewogenes Sexualleben. Was liegt dieser Angst zugrunde? Sie könnten, aber sie verzichten. Während die einen meinen, dass Helden zölibatär sein müssten, um sich ganz auf die Rettung der Welt konzentrieren zu können, sehen andere darin eine Ausrede für das tiefe Unbehagen gegenüber dem anderen Geschlecht, insbesondere dem weiblichen. Die Zuneigung zu diesem würde den Helden schwächen, nicht nur seine Mission, sondern auch seine Integrität gefährden.

Die Angst vor starken Frauen

Das Misstrauen gegenüber Frauen lässt sich schon in den Wurzeln des abendländischen Patriarchats aufspüren. Also auch in der antiken Philosophie. **Denker wie Platon, Hippokrates und Aristoteles legten zwar den Grundstein für den Sexismus, der sich bis jetzt durch unser Denken und unsere Werthaltungen zieht, nicht alleine, aber sie stützten ein Patriarchat durch ihre Thesen, in denen sie versuchten, die ihnen bekannte Welt zu strukturieren und zu erklären.** Ihre Schriften enthalten Ideen und Argumente, die natürlich nicht aus dem Kontext ihrer Zeit gerissen werden können, mit denen aber später immer wieder eine besonders virulente Form von

Frauenfeindlichkeit über Jahrhunderte als normal wahrgenommen und damit legitimiert wurde. Erst im Laufe der Menschenrechtsbewegungen und der medizinischen sowie technologischen Fortschritte Ende des 18. Jahrhunderts wurden Stimmen lauter, die nach einer Befreiung der Frauen verlangten.

Es ist also kein Zufall, dass gerade im 19. und 20. Jahrhundert die Angst vor der „starken Frau" zu einem der beherrschenden Themen der männerdominierten deutschsprachigen Literatur, Philosophie und Psychologie wurde. Wie wir wissen, versuchte Letztere mittels naturwissenschaftlicher Methoden die Minderwertigkeit des weiblichen Körpers zu untermauern. Sigmund Freud verstand die Frau als „defizitären" Mann, als „Mann ohne Penis", die nicht anders kann, als aus dem Gefühl der Minderwertigkeit gegenüber dem Buben, der einen Penis besitzt, einen Neid auf den Penis zu entwickeln. Ein Gefühl, das fortan ihr Leben bestimmt. Auf die Idee, dass der angebliche Penisneid nicht auf anatomischen Unterschieden beruhen könnte, sondern auf der massiven sozialen Benachteiligung des weiblichen Geschlechts, kam damals niemand.

Wohl aber stellte Freud die Frage „Was ist der Mensch?" am Thema der Bisexualität neu und machte die sexuelle Ausrichtung der Geschlechter fraglich. Schon 1915 schreibt er: „Der Psychoanalyse erscheint (…) die Unabhängigkeit der Objektwahl vom Geschlecht des Objektes, die gleich freie Verfügung über männliche und weibliche Objekte, wie sie im Kindesalter, in primitiven Zuständen und frühhistorischen Zeiten zu beobachten ist, als das Ursprüngliche, aus dem sich durch Einschränkung nach der einen oder der anderen Seite der normale (d. h. heterosexuelle) wie der Inversionstypus (d. h. der homosexuelle) entwickeln. Im Sinne der Psychoanalyse ist also auch das ausschließliche sexuelle Interesse des Mannes für das Weib ein der Aufklärung bedürftiges Problem und keine Selbstverständlichkeit (…).“[88]

Freilich war Freuds These Salz auf den Wunden der Männer, die sich um die Festschreibung männlicher und weiblicher Geschlechtsspezifika bemühten. Doch sie sollten Freud unrecht tun, war er doch weit davon entfernt, die dominante Männlichkeit als Norm des Menschseins infrage zu stellen. Vielmehr legitimiert er sie dadurch, dass es schwieriger wäre, ein Mädchen zu werden als ein Knabe. Diese Anschauung wurde erst wieder durch die Genetik infrage gestellt. Sie konnte zeigen, dass das embryonale Grundprogramm darauf angelegt ist, weibliche Wesen hervorzubringen. „Das männliche XY besitzt alle beim weiblichen XX vorhandenen Gene, erbt darüber hinaus aber Gene des Chromosoms Y. In gewissem Sinne ist der Mann die Frau *plus* etwas Zusätzliches. Das bedeutet jedoch auch, daß das weibliche Geschlecht bei allen Säugetieren das zugrundeliegende Geschlecht ist (…).“[89] Diese Erkenntnis stellte nicht nur die Dogmen der Psychoanalyse auf den Kopf, auf die Idee einer Form von „Protoweiblichkeit“ kam Freud gar nicht, denn für ihn hieß Menschsein Männlichsein.

In dieser Hinsicht stand Freud in der Tradition der deutschen Denker, die den Mann am Weg zum zukünftigen „Übermenschen“ sahen. Einer der Vordenker, der Philosoph Friedrich Nietzsche, wollte Frauen zwar studieren lassen, empfahl aber den Männern in seinem Werk „Also sprach Zarathustra“, nur nicht auf „die Peitsche zu vergessen“, wenn sie sich auf Frauen einlassen. Als Nietzsches konservative Schwester Elisabeth Förster-Nietzsche den Bruder auf das provokative Zitat anspricht, erwidert Nietzsche seiner Schwester, die er „Lama“ nennt, wie folgt: „Also das Lama rät dem Manne die Peitsche an!" – „Nein, (…) natürlich für Lamas und für alle vernünftigen, tugendhaften Frauen ist die Peitsche nichts; die wollen mit zarter Rücksicht und Liebe behandelt werden. Aber für die Anderen!"„"[90] Doch wer sind die „anderen"? Die emanzipierten Frauen, die sich gegen die unhinterfragte Dualität der Geschlechter und ihre Festschreibung auf die Mutterrolle zu wehren beginnen?

NIETZSCHE UND DIE ERSTE ÜBERFRAU

Das berüchtigte Peitschen-Zitat, das für so viele Missverständnisse gesorgt hat, sei hier exemplarisch herausgegriffen, um Nietzsches ambivalentes Verhältnis zu Frauen zu zeigen. Die Originalstelle im „Zarathustra" heißt: „Du gehst zu Frauen? Vergiß die Peitsche nicht!" Der Volksmund aber macht daraus gerne: „Wenn Du zum Weibe gehst, vergiß die Peitsche nicht." Allerdings ist in beiden Fällen unklar, wer eigentlich die Peitsche hat. Das Zitat hat jedenfalls Nietzsches Image als Frauenfeind, ja Frauenhasser zementiert, ungeachtet dessen, dass der Philosoph in seinem persönlichen Umgang alles andere als ein peitschenschwingender Sado-Macho oder Übermann war, sondern einer, der sich gern mit intellektuellen, gebildeten Frauen umgab. Auch wird gerne übersehen, dass es sich bei dieser Peitschengeschichte um eine Fortsetzungsgeschichte handelt. 1882 geben sich Nietzsche, der Philosoph Paul Rée und die Philosophin Lou von Salomé im Luzerner Fotostudio ein Stelldichein: Sie schwingt dort auf einem Leiterwagen über ihren beiden philosophischen Zugtieren ihr Peitschlein. Mit diesem von Nietzsche inszenierten

Foto stellen die drei die sonst männlich dominierten Geschlechterverhältnisse infrage.

Zugleich spielt die Luzerner Inszenierung auf eine berühmte Anekdote der Philosophiegeschichte an: auf die Geschichte des liebestollen Aristoteles, der als Erzieher Alexanders des Großen die körperliche Abstinenz predigt und dann der reizvollen Hofdame Phyllis verfällt und sich von ihr als Reittier missbrauchen lässt. Der gleichermaßen liebestolle Nietzsche könnte diese Anekdote als ironisches und selbstironisches ikonografisches Zitat reinszeniert haben.

Eine Mehrheit der damaligen Männer sprach sich im ausgehenden 19. Jahrhundert für eine Rückkehr zu einer gesunden Polarität der Geschlechter aus. „Damit die Männer ihre Virilität wiedererlangen, ist es zunächst notwendig, daß die Frauen an den ihnen von Natur aus angestammten Platz zurückkehren."[91] Die Geschlechtertrennung, sowohl sexuell als auch sozial, sollte als Heilmittel für die durch neue ökonomische und technologische Entwicklungen angeschlagene traditionelle Männlichkeit dienen. Unmengen an Literatur bezeugen das Interesse, präzise zu definieren, wie die Frau ist, wie Mütter sein sollen, was Weiblichkeit ist. Warum aber scheint die Erhaltung von „Männlichkeit" für Männer so viel wichtiger zu sein als die „Weiblichkeit" für Frauen? Eine Erklärung ergibt sich aus der einfachen Tatsache, dass Frauen von Haus aus nicht so viele Privilegien aus ihrem Frausein erwuchsen.

Ausgehend von der Idee, dass es das Subjekt, die Vernunft, die Aufklärung, die Person, also den idealtypischen Menschen geben kann, wird der weiße, heterosexuelle, bürgerliche Mann zu seinem Stereotyp: „Die Idealvorstellung des Menschen in der Moderne ist vernunftbegabt, in der Distanz zur Natur, sich selbst verwirklichend, sich die Natur unterwerfend. Es gibt Menschen und es gibt die Natur außen herum, da gehören Tiere und Kinder und Frauen hin. Das heißt, alles, was mit Fürsorge und mit Bedürfnissen von Lebendigkeit zu tun hat, Stillen, sich um Kinder kümmern, gehört seit dem 19. Jahrhundert in den Bereich des Weiblichen, des Privaten, des Natürlichen und nicht in den Bereich dessen, was der Vernunftmensch – also der Mann – tut.“[92]

Der einsame Reiter

Vielleicht ist es also gar nicht so sehr das Bedürfnis, männlicher zu werden, das die Männer umtreibt, sondern vielmehr – wie einige Theoretiker glauben – die Angst davor, selbst weiblicher zu werden. Der Psychologe Götz Eisenberg bläst in ein ähnliches Horn: „Viele fürchten insgeheim, dass zu viel Weibliches an ihnen ist.“ Eine Folge von der psychologisch als notwendig erachteten Distanzierung von der Mutter als „erstes Liebesobjekt“. Wenn das nicht gelingt, beispielsweise weil das männliche Kind keine passende männliche Identifikationsfigur in seiner nahen Umgebung findet, „versuchen sie diesen insgeheimen Zweifel an der eigenen Männlichkeit durch übertriebene Maskulinität zu vertreiben – durch Härte, rüdes Auftreten und Muskelpanzer“.[93] Männlichkeit bedeutet in dieser Logik, dass der Mann auch sexuell um jeden Preis seinen „Mann stehen“ muss.

Die französische Historikerin Elisabeth Badinter diagnostiziert den Männern im deutschsprachigen Raum eine besondere Verunsicherung, die auch dem aufkommenden Nazismus in die Hände spielte. Die Machtergreifung Hitlers erscheint wie ein verkapptes Versprechen, die verlorene Mannhaftigkeit wiederherzustellen. Ein Verlust, der schon vor dem Ersten Weltkrieg und nicht nur in Europa Thema war. In den USA tauchten in der Literatur und den Medien schon davor neue Helden auf. Sie sollten die auf die Probe gestellte Männlichkeit sublimieren. Die Figur des Cowboys wird geboren, jenes Helden des Wilden Westen, der wunderbar abbildet, was unter „echter“ Männlichkeit zu verstehen ist. Er zieht in den Kampf, um die „Verweiblichung“ der Kultur zu beenden. Kurz darauf sollten es ihm viele Männer im Ersten Weltkrieg gleichtun, denn zumindest der Krieg ist noch in Männerhand. Wenn die Weltkriege des vorigen Jahrhunderts als Frage nach dem Mann gelesen werden, so haben sie diese in alarmierender Form gestellt. „Aber der Krieg verdeckte nur die eigentlichen Probleme, die zu lösen man nicht in der Lage gewesen war und die heute in voller Schärfe wieder aufbrechen. Seit der Katastrophe des Zweiten Weltkriegs, in der die übersteigerte Virilität ihre ganze Krankhaftigkeit offenbarte, erscheint Krieg nicht mehr als das Heilmittel für eine defekte Männlichkeit.“[94]

Der Krieg bot die Möglichkeit, sich nicht nur von den stärker unabhängig werdenden Frauen abzugrenzen und sich jenseits von ihnen zu definieren. **Das Thema der Helden und Superhelden ist nun einmal Gewalt.** „Es geht um den Besitz und die Anwendung von Kräften. Damit ist die Sexualität von vornherein verdrängt. (…) Auch lassen sich Superkräfte nicht gegen Frauen anwenden, nicht nur, weil sie als schwächer gelten, sondern weil sie auch die Kräfte lahm werden lassen können.“[95]

Der kleine Prinz

Die gefährlichste Weiblichkeit für den Mann wird dabei von der eigenen Mutter verkörpert. „Je übermächtiger der Einfluß ist, den Mütter auf ihre Söhne ausüben, desto mehr Angst haben diese vor den Frauen, meiden oder unterdrücken sie. Aber anstatt die ‚kastrierenden' Mütter zu beschuldigen, daß sie sexistische Söhne hervorbringen (wobei unterstellt wird, daß es die Frauen sind, die am Unglück der Frauen schuld sind), sollte man endlich der ausschließlichen Bemutterung durch die Mutter ein Ende setzen, um diesen *circulus vitiosus* aufzubrechen."[96]

Damit das klappt, müssen nicht nur viele Frauen jenseits ihrer Mutterrolle denken, sondern auch Männer ihre Vaterrolle in Kontext zu ihrer Männlichkeit setzen. Während die Mütter für das Wohl der Kinder zentral waren, wurde die Vaterrolle als sekundär gewürdigt. Diese Meinung kam den Erfordernissen der Industriegesellschaft entgegen, die im 19. Jahrhundert den Vater kaum nach Hause ließ. Das von Jean-Jacques Rousseau schon wesentlich früher propagierte Ideal der Frau als Mutter und Hausfrau konnte sich mithilfe der ökonomischen Umbrüche nicht nur in den Köpfen durchsetzen, sondern auch in den Kinderzimmern. Von da an galt das Kleinkind als Besitz der Mutter, für dessen Wohl ausschließlich sie zuständig war.

Gerade die Überbetonung der Mutter sollte sich im deutschsprachigen Raum als besonders schicksalshaft erweisen. Die gesellschaftlichen Entwicklungen nach dem Ersten Weltkrieg zeigen, wie stark die jungen Männer einer vaterlosen Generation zur nationalsozialistischen Ideologie und zum Faschismus tendierten. **Selbst der Anführer des neuen Mutterkults, Adolf Hitler, ist als vaterloser „Muttersohn" der ideale Repräsentant der damaligen Verhältnisse vieler Männer ohne rechte Zukunftsaussichten.** Dem Muttersohn misslingt die Identifikation mit dem Vater, weil er ihn entweder nicht kennt oder ablehnt, weil er auf die eine oder andere Art abwesend ist. So weit die Theorie.

Auch wenn die gleichberechtigte Teilhabe des Vaters an der Elternschaft mittlerweile in gewissen Gesellschaftssegmenten propagiert wird, kommt es in anderen, wo es noch immer stark patriarchale Strukturen gibt, zu ähnlichen Phänomenen. Hier kann man live feststellen, wie Mütter als „Macho-Macherinnen" fungieren, wie sie die libanesische Frauenrechtlerin und Publizistin Joumana Haddad nennt. Speziell die Erziehung von arabischen Müttern ist ihr ein Dorn im Auge: „Wenn eure Söhne zu Schlägern, Vergewaltigern, verwöhnten Ehemännern werden, wenn sie also Machos sind, dann hat das nicht nur mit Gesellschaft und Kultur zu tun. Es liegt auch an euch, ihren Müttern. (…) ‚Jungs sind halt Jungs', wie oft haben wir diesen Satz gehört oder womöglich selbst gesagt? (…) Unglücklicherweise entschuldigen ihre Mütter dieses schlechte Benehmen und unterstützen so diese negativen Ausprägungen von Männlichkeit. Sie verherrlichen die ungezogenen Jungs und die Alpha-Männer."[97]

Die Verherrlichung des Jungen ist allerdings kein importiertes Problem. Ein Blick in Kindergärten und auf Spielplätze reicht aus, um zu sehen, dass gewalttätigeres Verhalten bei Männern entschuldigt und dabei auf die biologische Komponente verwiesen wird, während weibliche Aggression als unerwünscht, „hysterisch" und abnormal stigmatisiert wird. Gewalt und Aggression passen nicht zum Ideal der „guten Mutti" und „friedfertigen Frau" – weder in westlichen noch in importierten Frauenbildern. Beide wollen die Frau auf ihre Rolle als Mutter und Hausfrau beschränken. „Damals wie heute werden gerne immer wieder die Kleinkinder vorgeschoben, um die Ehefrau von Deutschkursen oder Berufstätigkeit oder Freizeitaktivitäten fernzuhalten. Auf der anderen Seite schränken sich gerade diese Mädchen und Frauen aufgrund ihrer patriarchalen Erziehung selbst auf die Rolle der Mutter und Ehefrau ein, (…) was bei vielen zu einer Fixierung auf die Söhne führt, weil die einseitigen Lebensmodelle von ihrem Umfeld tradiert werden und weil die Aufwertung der eigenen Söhne den Kreislauf der unselbständigen Männer am Leben erhält."[98]

Ob es nun übertriebene Mutterbindung oder fehlende positiv bestärkende männliche Vorbilder sind, eines steht fest: Insbesondere Mütter dürfen sich nicht aus der Verantwortung nehmen. Einige der gefährlichsten Männer haben wir ihrer geschlechterkonservativen Erziehung zu verdanken. Die Mütter sind wesentlich daran beteiligt, welche Männlichkeit als wert und begehrt angestrebt wird. „Ich denke, dass Kinder aller Geschlechter Vorbilder aller Geschlechter brauchen. Es ist zwar ein Problem, dass so wenige Männer im Elementarbereich arbeiten, aber das ist ein gesellschaftliches Problem und keines speziell für die Buben. (…) Sie müssen nie in Erwägung ziehen, dass auch Frauen vorbildhaft sind, denn Bücher mit weiblichen Hauptrollen werden meist als ‚Mädchenbücher' vermarktet", so Autor Sascha Verlan über Geschlechterklischees. Wenn sie Frauen als Vorbilder erleben würden, hätten sie gar kein Problem mehr mit fehlenden männlichen Vorbildern. Echte Emanzipation hieße für Kinder, dass es keinen Unterschied macht, welches Geschlecht ihre Vorbilder haben. Bis dahin ist es noch weit. **Ein Schritt wäre getan, würden Kinder lernen, dass auch Männer Erziehungs- und Sorgearbeit übernehmen, ohne sich in ihrer Männlichkeit bedroht zu fühlen.**

Die Angst der Väter

Natürlich gibt es Männer, die auch jetzt schon Erziehungsarbeit übernehmen. Die Frage ist nur, für wie lange. Alleinerzieher sind eine verschwindend geringe Anzahl an Männern. Auch die, die in Karenz gehen, Papamonat oder Elternzeit in Anspruch nehmen, sind derzeit eine Besonderheit. In Deutschland machen nicht einmal 2,5 % aller Väter länger als 12 Monate Elternzeit. In Österreich hat nur jedes fünfte Baby oder Kleinkind einen Papa, der in Karenz geht. Väter können dabei zwei Fliegen mit einer Klappe schlagen: Zum einen ist es möglich, mit nur zwei Monaten das Gesamtvolumen an Elterngeld auszuschöpfen, zum anderen auch diese als verlängerten Urlaub anzulegen. Ist es ein Bonus, nebenbei auch ein bisschen Zeit mit dem Kind verbringen zu können? Das klingt nach Urlaub. Studien zeigen, dass sich trotz Elternzeit und Papamonat auch in dieser Zeit nur wenig an der Vorstellung vieler Männer ändert, und sich Frauen weiterhin hauptverantwortlich für die Kinder fühlen müssen. Unter dem Dogma „Die Natur sieht vor, dass Frauen sich kümmern ..." verfestigen sich diese Inhalte auch in der Erziehung der Kinder. Das reproduziert die Struktur unserer Geschlechterrollen immer wieder und erhält das Stereotyp der fürsorglichen Weiblichkeit.

Demgegenüber wird väterliche Männlichkeit weiterhin mit den Attributen vollzeitberufstätig, potent und emotional unbeteiligt versehen. Die räumliche und emotionale Abwesenheit von Vätern sowie deren enorme Sprachlosigkeit zählen nicht von ungefähr zu den Klassikern der westlichen Kulturgeschichte. Formen jenseits traditioneller Männlich- und Weiblichkeit haben es schwer. Nicht nur im Alltag, auch auf der Leinwand. Oft werden sie als Abweichung und Besonderheit gezeigt, teilweise sogar lächerlich gemacht: zum Beispiel ein bemutternder Vater und eine kriegerische Mutter.

Außerdem ist nicht jeder Mann bereit, das eigene Selbstverständnis aufzugeben. Im Zentrum des Kulturkampfes um hegemoniale Männlichkeit geht es um Themen mit einer sehr hohen symbolischen Bedeutung, und zwar in mehrfacher Hinsicht. „An den Antifeminismus rechtspopulistischer Parteien wie der FPÖ werden Themen wie Familie oder ein ‚Wertegefüge‘, wie sie es nennen, aus Heterosexualität und Kleinfamilie geknüpft. Das alles sehen sie durch feministische Projekte bedroht",[99] bringt es die Politologin Birgit Sauer auf den Punkt. Die traditionellen Geschlechterverhältnisse sind der Kern ihres politischen und ökonomischen Erfolgsmodells, sie müssen deshalb auf jeden Fall bewahrt bleiben.

Ein Blick zu den Nachbarn bestätigt es: **Es ist kein Zufall, dass die sich traditionell gebende ungarische Orbán-Regierung „geschlechterkritische" Fächer wie „Gender Studies" abzuschaffen versucht.** Diese Studienrichtungen würden nicht nur die „Fundamente der christlichen Familie" untergraben, sondern sie würden durch „Gender-Mainstreaming" die männliche Identität zerstören. Damit propagierte die Partei 2018 nicht nur erfolgreich ihr patriarchales Gesellschaftsbild, sondern machte ganz klar, dass an den Geschlechterbeziehungen nun einmal nicht gerüttelt werden soll. Noch ist der „traditionelle" Mann von der Sorge geplagt, sich männlich, bedeutend, überlegen zu zeigen, während die progressiveren Erben des „harten Mannes" dafür kämpfen, endlich gleichwertig Vater sein zu dürfen.

Die Historikerin Badinter gab sich schon in ihrem 1992 erschienenen Buch „XY – Die Identität des Mannes" pessimistisch: „Bis heute haben die maßgeblichen Instanzen der westlichen Gesellschaften noch nicht akzeptiert, daß eine Frau genauso viel wert ist wie ein Mann, und noch weniger, daß ein Vater ebenso viel wert ist wie eine Mutter."[100] Dafür müssen Männer (und Frauen) allerdings Männlichkeit neu denken. Sie müsste nicht nur, aber auch mit der des Partner- und Vaterseins in Einklang gebracht werden. Gelänge das, müssten Männer endlich nicht länger Hüter und Gefangene ihrer eigenen Männlichkeit sein. Doch die Angst vor der Emanzipation und dem Verlust männlicher Privilegien ist anhaltend groß.

Eine auf mehreren Ebenen unberechtigte Angst: Einerseits, weil Emanzipation eine Befreiung auf allen Seiten des Menschseins gleichermaßen bedeutet, andererseits zeigt beispielsweise der „SDG Gender Index" der Bill-und-Melinda-Gates-Stiftung[101], dass kein Land der Welt bis 2030 die völlige Gleichstellung zwischen den beiden Geschlechtern erreicht haben wird. Stattdessen sollten wir uns eher davor fürchten, dass die Geschlechtergräben tiefer werden, Frauen und Mädchen Chancen missen, der soziale Unfrieden stärker wird und noch mehr Ungleichheit entsteht. Bis also eine tatsächliche und nicht nur die rechtliche Gleichstellung der Geschlechter passiert, wird es in jedem Fall noch dauern. Was die Forschung allerdings eindeutig bestätigt, ist, dass die traditionelle Männlichkeit Übergriffe und Gewalt fördert und zwar zum Schaden der Frauen wie auch der Männer selbst.

Schon 1914 schrieb der amerikanische Journalist Floyd Dell, dass der Mann gebraucht werden will, dass er eigentlich gar nicht frei sein will. Der Feminismus war Dell zufolge eine Chance, diesem Zustand zu entkommen, denn er würde, früher oder später, die Abhängigkeit der Frau gegenüber dem Mann beenden. Folglich bleibt den Männern nichts anderes übrig, als mit ihrer Freiheit umgehen zu lernen. Aus der Befreiung der Frauen lässt sich keine Herrschaft der Frauen auf Kosten der Männer ableiten. **Der Mann muss sich also in erster Linie nicht von der Frau, sondern endlich von sich selbst emanzipieren.**

Wenn sich diese Erkenntnisse in der Gesellschaft durchsetzen, wird kein Zeitalter der Superheldinnen heraufziehen, sondern, wie Dagmar von Doetinchem und Klaus Hartung schreiben, das Zeitalter der Superhelden endlich zu Ende gehen.[102]

Zerstört der Feminismus den Sex?

„Man stelle sich vor, dass man, von der erotischen Leidenschaft getrieben, einen genauen Blick auf die Vagina der geliebten Frau wirft, zitternd, weil das Vergnügen wie erwartet gleich eintrifft. Aber dann passiert etwas: Als ob man den Kontakt zu ihr verloren hätte, fällt man aus der erotischen Lust heraus, und das Fleisch vor den Augen erscheint plötzlich in seiner ganzen vulgären Realität, mit dem Geruch von Urin und Schweiß (…). Die Vagina hört auf, ein Objekt zu sein, ‚das zur Würde des Dings erhoben wurde‘, und wird wieder Teil der gewöhnlichen Realität.“[103] Und würde dann – o Schreck! – zu nichts mehr als „vulgärem Kopulieren“ führen.

Dieses Lamento des Philosophen Slavoj Žižek erinnert stark an die Schriften des berühmten Kirchenvaters Augustinus, der fast zwanghaft darunter litt, dass wir nun eben, wie er es formulierte, „zwischen Kot und Urin geboren“ werden. Augenscheinlich ist es schwer, etwas an diesem Vorgang zu verschönern. Aber dass zu viel Aufklärung und Emanzipation der „Würde“ weiblicher und männlicher Geschlechtsorgane schaden würden, klingt dann doch irgendwie lächerlich.

Dem „echten“ Mann ist der Frauenkörper an sich suspekt. Er liebt die Vorstellung von ihm, sein Mysterium, das er gar nicht entschlüsseln will, denn dann könnte er Unliebsames entdecken. Zum Beispiel wie eine Vulva tatsächlich funktioniert. Doch es sind nicht nur diese Männer, die ein Problem mit der weiblichen Grundausstattung haben. Unsere gesamte Gesellschaft verdrängt gerne, dass Frauen im gebärfähigen Alter einen Monatszyklus haben. Zwar kann man mittlerweile überall Geschlechtsteile aus allen Perspektiven sehen, aber viele schämen sich noch dafür, einen Tampon in aller Öffentlichkeit zu zücken oder Binden zu kaufen. Woher kommt diese Verklemmtheit? Und was wäre, wenn wir die Beziehung zu unseren Geschlechtsorganen weniger mystifizierten und mehr auslebten? Wäre dann wirklich alle sexuelle Anziehungskraft zwischen den Geschlechtern beim Teufel?

Doch die Angst vor dem Verlust der Lust sitzt vielen Männern seit Langem in den Gliedern. Während sich die einen darüber sorgen, dass die Spannung zwischen den Geschlechtern flöten geht, wenn nicht der Mann der Alleinernährer und die Frau zu Hause am Herd bleibt, fürchten sich die anderen vor der selbstbestimmten Demonstration von Busen und Vulva. Sie haben Angst, dass der Feminismus ihren Sex kaputt machen wird, indem er die Geschlechter endgültig gleichmachen will. „Es wäre absurd zu behaupten", so Simone de Beauvoir, „dass es keine Ekstase, keine Leidenschaft mehr geben würde, nur weil Mann und Frau einander konkret gleichgestellt würden." Eine wirklich emanzipierte Frau wird dafür eintreten, dass ihre sexuellen Interessen im gleichen Maß wie seine berücksichtigt werden müssen – einen Penis zu haben oder nicht zu haben darf keine Rolle spielen, wessen Interessen vorgezogen werden.

„Auch im Bereich Sexualität liegt der Fokus auf dem männlichen Geschlecht. Es gibt einen sogenannten ‚orgasm gap' zwischen heterosexuellen Männern und Frauen. Frauen erreichen weitaus weniger oft den Höhepunkt als ihre männlichen

Partner und als Männer generell", berichtet die österreichische Soziologin Laura Wiesböck. Dabei bewies eine Vielzahl von Studien, dass lesbische Frauen im Vergleich zu heterosexuellen Frauen häufiger zum Orgasmus kommen. Was sie daran hindere, ist die Fixierung auf die Bedürfnisse des männlichen Geschlechts.

Der „orgasm gap" ist demnach auf „phallocentric imperatives" zurückzuführen, nicht darauf, dass der weibliche Orgasmus per se „mystisch" ist. Gemäß den vorherrschenden Bildern bestimmt der Höhepunkt des Mannes das Ende des heterosexuellen Geschlechtsakts. Der Orgasmus der Frau war dabei lange Zeit vernachlässigbar und wurde früher ganz verleugnet. Schließlich stand die Fortpflanzung im Vordergrund, und dafür braucht es zwar den Samenerguss, aber nicht notwendigerweise einen weiblichen Orgasmus. **Auch in den erotischen und pornografischen Darstellungen unserer Zeit wird auf den männlichen Höhepunkt hingearbeitet. Bilder, die nach wie vor die Geschlechterbeziehungen vieler junger Menschen prägen.**

Daran hat die im Herbst 2017 in den USA losgetretene #MeToo-Debatte auch nicht viel geändert. Allerdings wurde klar, dass die Zeiten, in denen der Slogan „Alles, was Männern Spaß macht" hingenommen wurde, vorbei sind. Für viele Frauen ist Sex immerhin besser als früher, als sie noch Panik vor ungewünschten Schwangerschaften hatten, Vergewaltigung in der Ehe erlaubt war und der weibliche Orgasmus ignoriert wurde. Dass emanzipierte Frauen Sex jetzt anders einfordern als früher, davon könnten auch Männer profitieren. Zumindest jene, die emanzipiert zugreifen, statt sich von Kirche, Pornos oder falschen Ängsten in alte Stereotype pressen zu lassen.[104]

BENTHAM ODER WIE SICH LUST BERECHNEN LÄSST

Was, wenn wir Lust für alle maximieren könnten, wäre sie dann moralisch und gesellschaftlich legitimierbar? Genau diese Frage stellte sich Jeremy Bentham: Ein Leben verläuft umso besser, je mehr Lust erlebt wird. Wobei dieses „mehr" an Freude aus der Dauer der erwarteten Freude und ihrer Intensität zu berechnen ist. In die Berechnung müssen folgende Faktoren einfließen: Wie gesichert ist es, dass die Freude erreicht werden kann? Wie lange dauert es, bis die erwartete Freude eintritt? Wie hoch ist die Wahrscheinlichkeit, dass weitere Freude folgt und wie hoch die Wahrscheinlichkeit, dass Schmerzen oder Leid nach der Freude zu erwarten sind? Das Ziel dieses hedonistischen Kalküls ist klar: den Gesamtnutzen aller von der Handlung Betroffenen zu maximieren.

Klingt doch eigentlich ganz logisch. Doch warum soll eigentlich Lust bzw. Genuss das Maß aller Dinge sein? Schon Kant war dagegen und appellierte an unser Pflichtgefühl. Auch für unsere Superhelden ist die Idee des erfreulichen und genussvollen Lebens nur Beiwerk. Es kommt bestenfalls dann, wenn sie ihre Pflicht erfüllt haben.

Die Angst vor der Faulheit

Immer weniger Menschen werden sich künftig mit ihrer Erwerbsarbeit identifizieren können. Sei es, weil die Fortschritte der Robotisierung und künstlichen Intelligenz ihre Arbeit obsolet machen oder eine neue Jobbeschreibung erfordern, sei es, weil immer mehr Menschen von prekären Einkommenssituationen betroffen sein werden. Nicht nur die politisch zum Problem erklärte billige ausländische *Arbeitskraft* bedroht die nationale Lohnarbeit, sondern auch die unmenschliche Konkurrenz: die Maschine. Zusätzlich zu prekären Verhältnissen fürchten mittlerweile nicht nur die Arbeiter, von Maschinen abgelöst zu werden. Der Traum des Aristoteles scheint in Erfüllung gegangen zu sein, so zitiert in Paul Lafargue: „Unsere Maschinen verrichten feurigen Atems, mit stählernen, unermüdlichen Gliedern, mit wunderbarer, unerschöpflicher Zeugungskraft, gelehrig und von selbst ihre heilige Arbeit; (…) Sie

(Anm.: die Menschen) begreifen noch nicht, daß die Maschine der Erlöser der Menschheit ist, der Gott, (…) der ihnen Muße und Freiheit bringen wird.“[105]

Stattdessen scheint die Angst vor dem Nichtstun den Menschen voranzutreiben. Nietzsche hält in seinem Buch „Menschliches, Allzumenschliches" treffend fest: „Aus Mangel an Ruhe läuft unsere Zivilisation in eine neue Barbarei aus. Zu keiner Zeit haben die Tätigen, das heißt die Ruhelosen, mehr gegolten. Es gehört deshalb zu den notwenigen Korrekturen, welche man am Charakter Menschheit vornehmen muss, das beschauliche Element in großem Maße zu verstärken."[106] Vielleicht mit ein Grund, warum Meditation mittlerweile von einem Trend zu einer Institution geworden ist. Das Nichtstun, einst ein als wichtig erachteter Teil des Menschseins, wird mittlerweile gewinnbringend verkauft. Und es wird natürlich auch noch optimiert: Das Hightech-Stirnband „Muse 2"[107] misst die Aktivität der Gehirnströme beim Meditieren. Wessen Gedanken abschweifen, wird mittels sanften, akustischen Feedbacks daran erinnert. Nach der Einheit wird der „Erfolg" der Meditation auf dem Bluetooth-gekoppelten Smartphone dargestellt.

Der Oura-Ring[108] analysiert über den „Readiness Score" Schlafqualität, Lebensbalance und Gesundheitszustand. Das hehre Ziel: Wer seine Ruhezeit optimieren kann, wird tagsüber leistungsfähiger sein – und wir wollen leistungsfähig sein. Wir schon, aber die „Anderen"? Mindestens genauso argwöhnisch wie unsere eigene Leistungsfähigkeit beobachten wir die scheinbar angeborene Faulheit der Anderen. Denn nicht nur die eigene, auch die Untätigkeit der Anderen ist uns ein Dorn im Auge. Nichtstun setzen wir mit Nichtsnutz gleich. Was würde passieren, wenn wir nicht ständig überwacht würden? Würden dann alle zu arbeiten aufhören und zu „Leistungsverweigerern" mutieren? Zweifelsohne würden die Menschen nicht ständig erreichbar sein und nicht unnötig Energie darauf verschwenden, alles zu tun, um nicht in den Verdacht der Faulheit zu geraten. Fleiß ist unter den vorherrschenden Bedingungen keine Tugend, „(...) sondern eine erzwungene und erpresste Unterwerfung unter ein rigides Zeit- und Produktionsmanagement."[109] Auch dass die meisten Menschen Arbeitszeitflexibilisierungen begrüßen würden, erscheint im Angesicht von Untersuchungen eher als eine Mär. 49 % der 1039 in persönlichen Interviews befragten Österreicherinnen und Österreicher wünschen sich nach dem aktuellen IMAS-Bericht einen stabilen Tagesablauf[110], in dem es auch genügend Freizeit gibt. Der Mut zu Neuem wird laut dem Bericht nämlich dann ausgelebt.

In der Freizeit sollen wir uns weiterbilden, Talente entfalten, Freunde treffen und Familie pflegen sowie unseren Körper stählen und regenerieren. Kein Wunder also, dass sich Soziologinnen, Pädagoginnen, Ökonominnen, Medizinerinnen und Touristikerinnen mit der Professionalisierung der Erholung beschäftigen, ist sie doch gleichbedeutend mit der Sehnsucht nach dem guten Leben. Sogar wenn wir annehmen, dass unsere Freizeit nicht anwachsen, sondern durch Arbeitszeitflexibilisierungen und steigende Arbeitszeiten stagnieren wird, müssen wir ernsthaft nachrechnen, ob wir uns unseren derzeitigen Lebensstil zukünftig noch leisten können. „Wenn der Alltag nur noch von der Reproduktion der Arbeitskraft bestimmt wird, wenn die Freizeit nur noch dazu dient, ‚Kräfte' zu schöpfen, wenn man sich erholen muss, um weiterzumachen, so kommt in den meisten Fällen die Erschöpfung der Kräfte nicht von der unmittelbaren Anstrengung bei der Arbeit selber, sondern von den psychischen Anforderungen, diesen Zustand auch durchzuhalten."[111]

Der Wunsch nach Superkräften scheint gerade diesem Lebensstil geschuldet, dessen Aufrechterhaltung übermenschliche Kräfte erfordert. Und mit diesem Wunsch geht die Angst einher, nicht mehr genug Kräfte aufbringen zu können, um die Alltagsexistenz bewältigen zu können. Wenn wir dieser unbarmherzigen Barbarei zukünftig und unter den Vorzeichen von Robotisierung und Digitalisierung entkommen wollen, werden wir nicht darum herumkommen, uns den Menschen als etwas anderes denn als arbeitendes und konsumierendes Tier vorzustellen. Dann und nur dann brauchen wir uns weder vor den Maschinen, vor mehr Freizeit noch vor der Idee eines bedingungslosen Grundeinkommens zu fürchten.

Mal kurz verzichten, um die Welt zu retten?

Klimakonferenz 2015. Wie Superhelden sehen die Repräsentanten der „wichtigen" Player USA, EU, China, Indien, Saudi-Arabien, Indonesien, Brasilien, Südafrika nicht aus. Das Pariser Abkommen ist eine große Sache. Es verpflichtet nicht nur die Industrieländer, sondern alle Staaten der Welt zum Klimaschutz. Bis 2100 soll die Erderwärmung deutlich unter 2 Grad Celsius gehalten werden, möglichst sogar bei 1,5 Grad. Jahre sind seither vergangen und den großen Zielen sind wenige

Taten gefolgt, die auf eine Erreichung hoffen lassen könnten, denn dazu müsste ab 2050 endgültig Schluss sein mit der Verbrennung von Kohle, Öl und Gas. Zusätzlich müssten im Sinne einer nachhaltigen Umweltpolitik Wälder erhalten bleiben und sogar neu angepflanzt werden. Um die Klimaziele erreichen zu können, braucht es neben nationalen und übernationalen Regulierungsmaßnahmen auch gravierende Änderungen im Verhalten jedes Einzelnen und die Einschränkung bestimmter individueller Freiheiten. Die Auswirkungen der Klimakrise sind alles andere als gerecht verteilt und treffen gesellschaftliche Gruppen bisher ganz unterschiedlich. So leiden laut Welthungerhilfe[112] die Menschen am meisten unter den Auswirkungen der Klimakrise, die am wenigsten zu ihr beigetragen haben. Sichtbar würde das an der wieder steigenden Zahl an Hungernden, derzeit etwa 822 Millionen Menschen, die das Ergebnis von Wetterextremen, Ernteverlusten und steigenden Lebensmittelpreisen sind. Unser globaler Energiehunger hat einen hohen Preis, der freilich nicht zur gleichen Last von allen getragen wird.

EPIKUR ODER DIE LEHRE VON DEN „GELEHRTEN EINGEWEIDEN"

Als prominentester Vertreter des Hedonismus gilt wohl Epikur. Er forschte zu den Grundlagen eines guten Lebens und formulierte, es sei nicht möglich, lustvoll zu leben, ohne dass man „klug, schön und gerecht" lebt. Gegenüber den „unvernünftigen" Begierden stehen „vernünftige" Begierden, also Begierden, die unserer Natur entsprechen, also keinen Schaden nach sich ziehen und für uns leicht zu erreichen sind. Ein Mensch mit „gelehrten Eingeweiden", also „gutem Geschmack", wird

sein Begehren auf das Notwendigste richten und kann dadurch dauerhaft höchste Lust erfahren.
Die Gastrosophie greift diesen Gedanken auf. Um heute „guten Geschmack" zu entwickeln, könnte eine Möglichkeit sein, das „Richtige" zu konsumieren, also Produkte, die umweltverträglich und sozial gerecht hergestellt werden. Der Appell der Gastrosophen ist, das kollektiv Gute wieder mit dem individuell Guten verbunden zu denken. Notwendig dazu wäre, eine „globale Ernährungswende" einzuleiten. Frei nach dem Motto der Aufklärung formuliert die Gastrosophie die Maxime: „Habe den Mut, einen guten Geschmack zu kultivieren!"[113]

Schnell wird klar, dass das Unverzeihbare unseres heutigen globalen Konsumverhaltens nicht nur in unserer Doppelmoral liegt, sondern dass vor allem der globale Norden eine „Routine der Ausschweifung" (Pascal Bruckner) praktiziert. Die Diagnose Epikurs scheint heute besonders zutreffend zu sein: „Unersättlich ist nicht der Bauch, wie die Masse behauptet, sondern die trügerische Meinung vom unbegrenzten Fassungsvermögen des Bauches." **Ein Großteil der bestehenden Umweltprobleme und der sozialen Ungleichheit lässt sich zweifellos auf unsere Unersättlichkeit zurückführen.** Erschwerend kommt hinzu, dass man diese Art der „mittelmäßigen Maßlosigkeit" ohnehin nicht mehr Genuss nennen kann, denn die goldene Mitte zwischen Askese und Exzess läge wohl im maßvollen Genuss: sowohl der richtigen Dinge als auch in der richtigen Art. Dass diese Tugend nicht gesellschaftlich kultiviert wird, zeigt sich nicht nur anhand ökologischer Probleme, sondern auch in allen anderen gesellschaftlichen Bereichen.

Der Hinweis der deutsch-argentinischen Soziologin Villa Braslavsky könnte eine Möglichkeit sein, diese Tugend zu kultivieren: „Ein Beispiel sind sogenannte ‚caring masculinities', also fürsorgliche Männlichkeiten. Ob auf der politisch-aktivistischen Ebene, auf der kulturellen Ebene in Filmen oder Serien oder auch in der Forschung wird sich damit viel beschäftigt, in die hegemoniale Form von Männlichkeit auch die Fürsorge zu integrieren und Männlichkeit nicht weiter nur als etwas zu definieren, was in Wettbewerbsform über die Welt herrscht. Das spielt auch in der Ökologie-Bewegung eine Rolle. Wenn wir ökologisch eine Wende vollziehen wollen, gilt, uns als Teil der Natur zu sehen und nicht als über die Natur Herrschende – und dazu gehören auch andere Vorstellungen von Männlichkeit."[114] Der bloße Vorsatz zu verzichten wird nicht reichen.

Schließlich greift man nicht nur mit „böser" Absicht, sondern auch aus Unwissen und Gewohnheit zu den falschen Produkten. Zum Beispiel zu viel Fleisch. Doch gerade der übermäßige Fleischkonsum der Industriestaaten hat verheerende Folgen. In den vergangenen 50 Jahren hat sich die globale Fleischproduktion von 78 auf 308 Millionen Tonnen pro Jahr vervierfacht. Land wird dringend zur Viehzucht gebraucht. Darunter leiden nicht nur die Tiere und mit ihnen die Qualität des Fleisches, das möglichst billig produziert werden muss, sondern auch die ansässige Bevölkerung, die durch Großkonzerne sukzessive enteignet wurde. Besonders Rindfleisch verursacht extrem viele Treibhausgase, die den Klimawandel vorantreiben. Neben dem Methanausstoß der Rinder ist zugleich der Futtermittelanbau problematisch: Häufig wird Soja in Südamerika hergestellt und nach Europa transportiert. Für beides werden Wälder abgeholzt, die dringend erhalten werden müssten.

Wie hältst du es mit dem Schnitzel?

Während wir uns davor fürchten, unsere geliebten Gewohnheiten nicht mehr fortführen zu können, haben wir zugleich keine Angst davor, dass uns die Klimakrise in eine neue Ära des Barbarismus[115] führen könnte. Warum seine Gewohnheiten verändern, wenn eine ganz neue grüne Konsumindustrie verspricht, dass wir auf nichts verzichten müssen, dass im Prinzip alles so weitergehen kann wie bisher. Gerade beim Thema Fleischgenuss scheiden sich die Geister. Begriffe wie „Fleisch" und „vegan" spiegeln nicht nur individuelle Ernährungsgewohnheiten, sondern auch Schicht- und Genderfragen wider, die Antwort entscheidet nicht nur über die jeweilige Gruppenzugehörigkeit, sondern auch über die ökologische Orientierung des Befragten. Ökologisch ist das neue Moralisch-Normative. Schließlich reflektieren die neuen Konsumgewohnheiten Identitäts- und Kulturmerkmale sozial besser gestellter Gruppen und sichern die Annahme: Man gehört zu den Guten.

Dass der sozial schwächere Teil der US-Bevölkerung ihre großen Autos und kräftigen Motoren ebenso wie Burger oder Steaks schätzt, weiß man nicht erst seit Trump. Ähnliches trifft auch auf Länder wie Deutschland und Österreich zu. Wer dem Deutschen seinen Braten und dem Österreicher sein Schnitzel madig macht, kann nicht mit Stimmengewinn rechnen. So buhlte SPÖ-Chefin Pamela Rendi-Wagner im aufgrund des Ibiza-Skandals frühzeitig ausgerufenen österreichischen Nationalratswahlkampf 2019 um die Wählergunst, indem sie das Essen des Schnitzels außer Frage stellte: „Denn das Schnitzel darf nicht zum Luxus werden!"[116]

Mobilität und Zeit – eine Frage von Geduld?

Ähnliche Erklärungsnot besteht um das Thema Mobilität. Autos gelten als „Statussymbol einer breiten Bevölkerungsgruppe. Hier sind es vor allem Männer und eher die niedrigeren Bildungsschichten – aber nicht nur die –, für die diese Vorlieben laut Umfragen besonders wichtig sind. In Österreich ist das Pendeln mit dem eigenen Wagen oder das Autofahrersein nicht nur eine Folge der fehlenden Verfügbarkeit öffentlicher Verkehrsmittel, sondern für viele auch eine Frage der Identität und Selbstbestimmtheit. Als gefühlte Mobilität und damit verbundene Freiheit oder als Ausdruck materiellen Wohlstands ist das eigene Auto auch hierzulande nicht bloß Transportmittel."[117] Gerade das Versprechen zunehmenden Wohlstands war es, das soziale Sicherheit und politische Stabilität lange Zeit gewährleistete, denn plötzlich konnten sich viele Menschen der Unterschicht den Wohlstand der Mittelschicht leisten. Dieses Privileg gibt niemand freiwillig auf. Vor allem, weil der größte Verzicht von jener Bevölkerungsgruppe erwartet wird, die von ihren finanziellen und persönlichen Voraussetzungen her am wenigsten Änderungspotenzial hat. Dieser Frust kommt ökologischen Antihelden wie beispielsweise US-Präsident Trump entgegen, die die Situation nicht nur schönreden, sondern sogar an der Wahrheit der Krise und der Notwendigkeit eines Wandels zweifeln.

Sich im Angesicht politischer Extremismen, ökologischer Gefahren wie der Klimakrise, fortschreitender digitaler Überwachung und einer immer weiter auseinandergehenden Schere zwischen Arm und Reich sowie den Generationen geduldig zu verhalten, ist durchaus unvernünftig. Geduld muss man sich nämlich leisten können. Sie kann bei zu langer Verzögerung zu einem erhöhten Konfliktpotenzial führen, wie die Spannungen zwischen den Generationen seit den ersten Schulstreiks von Fridays For Future zeigen. „Die bisher unpolitischen Kinder, die unschuldigen Opfer der drohenden Klimakatastrophe, gehen auf die Straße, beschämen uns und vor allem die untätige Politik, die nichts weiterbringt. Mehr Druck lässt sich kaum aufbauen. Die Erzählung hat freilich einige Schönheitsfehler. Nicht nur sind die ökologischen Fußstapfen reise- und konsumfreudiger junger Menschen höher als jene der älteren Generation", so Kulturwissenschaftler Wolfgang Müller-Funk. Sie kaschiert auch, dass „die wirkliche oder vermeintliche Untätigkeit der Politik tiefere Ursachen hat, die mit nationalen und internationalen Interessenkonflikten, mit unserem Lebensstil und mit unserer Produktionsweise zu tun haben."[118] Blöd nur, wenn man keine Zeit mehr hat.

Ungeduld hat viel mit Ökonomie zu tun. Und da ist Zeit Geld, also ein entscheidender Faktor. Dauern Verhandlungen zu lange, schrumpft der zu verteilende Kuchen. Ungeduldig sind vor allem diejenigen, die die höheren Kosten des Wartens zu spüren bekommen. Sie müssen sich kompromissfähiger geben als diejenigen, die mit geringeren Kosten des Wartens rechnen und sich somit mehr Geduld im Verhandlungsprozess erlauben können. Beim Warten geht immer etwas verloren: Chancen, Ressourcen und Leben. Die Jungen können nicht mehr Geduld haben, da sie mit den Folgen gesellschaftlicher und politischer Unvernunft zukünftig leben werden. Wenn wir ihre Ungeduld als positive Kraft unterschätzen, haben wir nicht gut genug nachgedacht. Sie könnte die neue Tugend des zivilen und ökologischen Ungehorsams werden. Verleugnen wir sie weiterhin, wird sie irgendwann in den unkontrollierbaren Zorn umschlagen, vor dem wir im alten griechischen

Mythos, der Ilias, gewarnt werden. Ein durchaus vernünftig erscheinender Zorn im Angesicht des Fakts, dass die Emissionen zugenommen haben. Seit der ersten COP 1995 in Berlin sind die CO_2-Emissionen weltweit nicht etwa gesunken, sondern von 23 auf 37 Milliarden Tonnen gestiegen. Für echten Klimaschutz muss der Ausstoß laut UN-Klimarat zwischen 2010 und 2030 um 45 % sinken, dann (nach Berechnungen des Potsdam-Instituts für Klimafolgenforschung) in jedem Jahrzehnt bis 2050 weiter halbiert werden.

Die derzeitigen Entwicklungen sehen alles andere als vielversprechend aus. Während ein winziger Teil der Weltbevölkerung in den kapitalistischen Zentren des globalen Nordens einen immensen Rohstoff- und Energieverbrauch hat, lebt ein Großteil der Weltbevölkerung in Ländern des globalen Südens weit unter dem Verbrauchsdurchschnitt des Nordens. Sie bezahlen den Preis für den Energiehunger der Industriestaaten, zu denen sie selbst (noch) nicht gehören. Naomi Klein verweist auf das Denksystem, das diese Ungerechtigkeit befeuert: „Das Zeitalter des wissenschaftlichen Rassismus beginnt neben dem transatlantischen Sklavenhandel und ist eine Begründung für diese Brutalität. Wenn wir auf den Klimawandel reagieren, indem wir unsere Grenzen festigen, dann werden natürlich die Theorien, die dies rechtfertigen und diese Hierarchien der Menschheit schaffen, immer wieder zurückkehren."[119]

Die Klimakrise erschwert einer Studie zufolge nicht nur die andauernden Friedensbemühungen in Konfliktregionen. Sie könnte die Konflikte noch verstärken. Expertinnen und Experten des internationalen Friedensforschungsinstituts SIPRI in Stockholm untersuchten den Einfluss des Klimawandels auf die Friedensbemühungen der UNO-Unterstützungsmission im Bürgerkriegsland Somalia (UNSOM).[120] Der Experte Florian Krampe betonte, dass der Klimawandel „die Wahrscheinlichkeit von Konflikten und Gewalt" erhöhen werde. Die „sicherheitspolitische Landschaft" verändere sich mit dem Klima. Der Studie zufolge verschärfte sich der jahrzehntelange Konflikt in Somalia durch eine Reihe schwerer Dürren. Diese behinderten nicht nur den Prozess der Staatenbildung, sondern zugleich die Arbeit der UNSOM. Außerdem gäbe es aufgrund von Dürren und Überschwemmungen mehr Flüchtende, diese würden wiederum leicht Opfer von radikalen Gruppen wie der Dschihadistenmiliz al-Schabab, die sie als Unterstützer rekrutierten.

Die Angst vor der Klimakrise ist berechtigt; wenn es ein globales Sicherheitsrisiko gibt, dann die Klimakrise. Sie macht augenscheinlich, dass die strukturelle Ungerechtigkeit der nördlichen Hemisphäre nicht nur unvernünftig, sondern auch für uns alle gefährlich ist. Während wir im globalen Norden davor Angst haben, dass wir unseren derzeitigen Lebensstil nicht verbessern können, haben andere im globalen Süden Angst, überhaupt nie in den Genuss eines „besseren" Lebens kommen zu können. Beides müsste nicht sein. Das Fachjournal „Nature Energy" zeigte in einer im November 2019 veröffentlichten Studie über globalen Energiebedarf[121], dass die grundlegendsten menschlichen Bedürfnisse von Gesundheit, Ernährung und Bildung energietechnisch günstig zu befriedigen wären, und das ohne die Erderwärmung rasant zu beschleunigen. Was der Studie zufolge die „Energienachfrage" in die Höhe schießen lässt, ist nicht, dass alle Menschen anständig leben wollen, sondern dass wir vorhandenen Wohlstand und Überfluss immer noch weiter steigern wollen.

DARF BATMAN DAS BATMOBIL BENUTZEN?

Da Batman über keinerlei Superkräfte verfügt, war die Einführung eines Fahrzeugs bei der Ausstattung der Figur wichtig. Schließlich sollte er damit möglichst rasch von A nach B kommen. Angesichts der Klimakrise stellt sich die Frage, ob nicht auch Batman als Großstädter auf öffentliche Verkehrsmittel umsteigen muss. Wie soll Batman also zur Arbeit: mit dem Auto oder der U-Bahn? Für Pendler wäre es von Vorteil, wenn alle gemeinsam vom Auto auf den öffentlichen Verkehr umsteigen würden. Wer in diesem Moment allerdings auf seinen individuellen Vorteil schaut, steigt ins Auto und hat freie Bahn. Stau gibt es, wenn sich das alle denken. Würden die meisten mit den öffentlichen Verkehrsmitteln fahren, würde das nicht nur den globalen CO_2-Ausstoß reduzieren, sondern auch den öffentlichen Verkehr aufwerten und dadurch einen guten Ausbau ermöglichen. Das Dilemma liegt in der Initialzündung: Jeder Einzelne hat es zuerst ein Stück weit unangenehmer als jene, die weiterhin ihr Auto nutzen und noch immer der momentanen individuellen Bequemlichkeit folgen.

Die Angst vor fremden Bösewichten

Statt die ökologische Bedrohung auch als Frage globaler Gerechtigkeit zu diskutieren, wird die soziale Bedrohung durch die Migration in Europa überbetont – und das besonders in Ländern, die ohne Zuwanderung auf einen Kollaps zusteuern würde. Der Umgang mit der Flüchtlingskrise von 2015 zeigte, wie weit die Europäische Union von der Idee eines „vernunftgeleiteten Völkerbunds" im Sinne Kants entfernt ist. Die Wahrnehmung, dass

Fremde kommen, um uns den Wohlstand wegzunehmen oder diesen zu bedrohen, sitzt tief. Schon im antiken Griechenland wurden Fremde durch die Dimension der unterschiedlichen Sprache definiert: Ein „Barbar" ist ein Fremder, weil er nicht (oder schlecht) Griechisch spricht. Im Christentum wurden Fremde durch die Dimension des Religiösen definiert: die, die nicht an einen christlichen Gott glaubten, also Heiden sind. In vielen Bereichen konnten wir uns weiterentwickeln. Die Debatten um Migration und Flucht haben sich scheinbar in den letzten zweitausend Jahren kaum verändert.

Erschwerend kommt hinzu, dass die Angst vor dem Fremden eine anthropologische Konstante zu sein scheint. Das Fremde bezeichnet etwas, das als abweichend von Vertrautem wahrgenommen wird. Die Unterscheidung von Vertrautem (auch Bekanntem oder Gewohntem) und Fremdem ist eine Grunderfahrung des Menschen, der parallel zur Entfaltung seines Ich verschiedene Grade von Fremdheit oder Zugehörigkeit erfährt. Dieses Ich ist nicht nur nach Freud, sondern auch nach dem Philosophen Emmanuel Levinas ein geborener Egoist, und es würde ein solcher bleiben, wenn ihm nicht etwas anderes widerführe: wenn es nicht immer wieder einem anderen Menschen begegnen würde. Die Begegnung mit dem Anderen, dem bittere Not Leidenden, stört den eigenen egoistischen Genuss. In der bekannten ökonomischen Welt erscheint plötzlich etwas, das dieser Welt nicht angehört und sie stört. Das kann der Flüchtende sein, der in einem Land wie Österreich eine bessere Existenz aufbauen will oder sich vom hiesigen Wohlstand eine Scheibe abschneiden will. Der Historiker Oliver Kühschelm diagnostiziert dazu hellsichtig, dass Österreich seit den 1970ern wesentlich ein Synonym von Wohlstand ist, „... den es eifersüchtig zu hüten gilt. Ihn mit Anderen außerhalb der nationalen Erfolgsgemeinschaft zu teilen, ist Aufwallungen an Wohltätigkeit nach Art christlicher caritas vorbehalten. Es ist nicht Gegenstand von Politik, wie die geringen Beträge für Entwicklungszusammenarbeit verraten."[122]

Dass auch Länder wie Österreich keine Inseln sind, führen ihnen Globalisierung und Digitalisierung zwangsweise vor Augen. Die Wahlergebnisse zwischen Washington und Wien spiegeln die Sorgen der Bürger vor den negativen Folgen der Globalisierung. Auch der 2018 publizierte Globalisierungsreport der Bertelsmannstiftung zeigt, „dass die Gewinner der Globalisierung häufig dort zu Hause sind, wo die Kritik an der internationalen Verflechtung am lautesten ist: in den Industrieländern."[123] Wenn es darum geht, welchen Standpunkt sie zur Globalisierung einnehmen, teilen sich die Europäer in ähnlich große Lager auf. Eine nicht allzu große Mehrheit sieht die Globalisierung als Chance (55 %), während 45 % sie als Bedrohung wahrnehmen. Bei Parteibindung und Globalisierungsängsten allerdings zeigen sich deutliche Unterschiede. Bei Personen, die sich mit rechtsgerichteten Parteien in Europa identifizieren, sind Globalisierungsängste stark ausgeprägt. 78 % der AfD-Wähler (Deutschland), 76 % der FN-Wähler (Frankreich), 69 % der FPÖ-Wähler (Österreich), 66 % der Lega-Nord-Wähler (Italien), 58 % der PiS-Wähler (Polen), 61 % der Fidesz-Wähler (Ungarn), 50 % der Jobbik-Wähler (Ungarn) und 50 % der UKIP-Wähler (Großbritannien) nehmen die Globalisierung als eine Bedrohung wahr.[124]

Wer aber wird nun eigentlich zur Bedrohung? Die Vorstellung, dass jeder – auch oder vor allem der Nachbar – ein Verbrechen begehen könnte, ist verständlicherweise unangenehm, aber auch äußerst nützlich. „Diesen ökonomischen und politischen Nutzen der Kriminalität können wir leicht erkennen. Je mehr Kriminelle, desto mehr Verbrechen. Je mehr Verbrechen, desto größer die Angst in der Bevölkerung. Und je größer die Angst in der Bevölkerung, desto akzeptabler und wünschenswerter das System der polizeilichen Kontrolle."[125] **Die Nachfrage nach einem „starken" Mann an der Spitze steigt ebenso wie der Bedarf nach „echten" Männern, die der Bedrohung – notfalls auch mit Gewalt – Einhalt gebieten können.** Als ultimative Bösewichte in diesem System kommen vor allem Terroristen infrage. Um die „permanente Bedrohung" durch terroristische Aktivitäten hervorzuheben, sind alle Medien von Nutzen, die einen möglichst breiten Bereich der Masse abdecken und in dieser die „Akzeptanz des Kontrollsystems"[126] etablieren.

Seit 2014 ist die Zahl der Menschen, die weltweit durch Terroristen gestorben sind, um mehr als die Hälfte zurückgegangen. Was nicht bedeutet, dass der Terrorismus in manchen Ländern nicht zugenommen hat. 2018 gab es in Deutschland 954.874[127] Todesfälle, darunter allerdings kaum mehr als 20 Terroropfer. Die gefühlten Zahlen sind allerdings deutlich höher. Was hingegen tatsächlich steigt, ist rechtsextremer Terrorismus. So verdreifachte sich in den letzten Jahren die Anzahl rechtsextremen Terrors in Europa, Nordamerika und Ozeanien (Australien und Neuseeland), auch wenn die Zahl der Toten hinter jener islamistischer Terroropfer blieb.[128] Ob jedoch islamistischer oder rechtsextremer Terror, eines haben beide gemeinsam: Das Fremde ist etwas Bedrohliches, dem nur gewaltsam beizukommen ist.

Fundamentale Ängste sind Ergebnis von widersprüchlichen Konstrukten wie Identität, Rasse, Geschlecht, Eigenheit,

Fremdheit – sie prägen unser Denken. Auch der Versuch, Widersprüche im Programm des Multikulturalismus zu versöhnen, ist als gescheitert anzusehen. Er scheint eher den von Samuel Huntington prophezeiten „Kampf der Kulturen" anzutreiben, als neue Wege und Bestimmungen des Denkens und Handelns zu finden. Ist es sinnlos, sich in der abendländischen Gesellschaft, die sich frei und zivilisiert gibt, aber ohne soziale Gleichheit, die Frage zu stellen, ob nicht unser Lebensstil, den wir genießen, irgendjemandes Sterben irgendwo verursacht? Sind Krieg, Flucht und politische Unruhen nicht Folgen dieser Ungleichheit? Sind sie Resultat des sozialen Ungleichgewichts, in dem wir uns längst eingerichtet haben?

Sperma, Schweiß & Schmerzen – Sport, Militär und Erziehung

„Die Gewalt rüstet sich mit den Erfindungen der Künste und Wissenschaften aus, um der Gewalt zu begegnen. Unmerkliche, kaum nennenswerte Beschränkungen, die sie sich selbst setzt unter dem Namen völkerrechtlicher Sitte, begleiten sie, ohne ihre Kraft wesentlich zu schwächen. Gewalt, d. h. die physische Gewalt (denn eine moralische gibt es außer dem Begriffe des Staates und Gesetzes nicht), ist also das Mittel, dem Feinde unseren Willen aufzuzwingen, der Zweck. Um diesen Zweck sicher zu erreichen, müssen wir den Feind wehrlos machen, und dies ist dem Begriff nach das eigentliche Ziel der kriegerischen Handlung. Es vertritt den Zweck und verdrängt ihn gewissermaßen als etwas nicht zum Kriege selbst Gehöriges."
– Carl von Clausewitz, *Vom Kriege*

Tugenden als Superkräfte?

Wer eine besondere Fähigkeit nicht nur besitzt, sondern sie in überdurchschnittlichem Maß hat, verfügt über die entsprechende Tugend. Bei einer Tugend handelt es sich also um eine Qualität, die über dem Durchschnitt liegt – nicht mehr und nicht weniger. In dieser Bedeutung sind Tugenden eine Bezeichnung für unterschiedliche Eigenschaften, die im Rahmen gesellschaftlicher Wertvorstellungen als wünschenswert gelten. Ursprünglich leitete sich das lateinische Wort *virtus*, das im Deutschen mit Tugend übersetzt wird, vom lateinischen *vir* („*Mann*") ab. Diese Mannhaftigkeit äußert sich hier vor allem als (militärische) Tapferkeit. In der Wendung „ein guter Soldat" ist „gut" nicht eine moralische Wertung, sondern eine Bewertung in Bezug darauf, wie gut diese Person eine Tätigkeit beziehungsweise seinen Beruf ausführt. Wenn also die Aufgabe eines Soldaten ist, Soldat zu sein, dann ist die Aufgabe eines guten Soldaten, das gut zu tun. Wenn wir annehmen, die Aufgabe des Menschen sei ein bestimmtes Leben, nämlich das Tätigsein und die Handlungen der Seele mit Vernunft, die des guten Menschen aber, dies auf gute und lobenswerte Weise zu tun, dann erweist sich das menschliche Gute als Tätigsein der Seele gemäß dem Gutsein.[129]

Zur Bestimmung der Tugenden sucht man nach Aristoteles das Mittlere zwischen zwei Extremen (Mesotes-Lehre), z. B. die Selbstbeherrschung (Mäßigung), die zwischen Wollust und Stumpfheit liegt, oder die Großzügigkeit als Mittleres zwischen Verschwendung und Geiz, oder die Tapferkeit, die zwischen Tollkühnheit und Feigheit liegt. Das Mittlere ist hierbei nicht als ein mathematischer Wert zu verstehen, sondern als das Beste, was man in einer Charaktereigenschaft jeweils erreichen kann.

Derselbe Aristoteles war allerdings auch der Meinung, dass an der Spitze des Menschengeschlechts der Mann steht, da er neben der Tugend der Moral die zum Menschsein notwendige Tugend des Denkens besitzt. Ausgeschlossen von der Tugend des Denkens sind laut Aristoteles die Frauen. Sie sind demnach nicht nur ein unvollständiger Mann, sondern auch nicht für das Menschsein tauglich, ähnlich wie Kinder, Sklaven und Nicht-griechen (also die meisten, die dieses Buch hier auf Deutsch le-

sen). Die Tauglichkeit samt Tugenden wurde in der Folge auch biologisch verankert. Ausgehend von der Aristotelischen Philo-sophie entwickelte der römische Arzt Galen von Pergamon ein Modell der Eingeschlechtlichkeit des Menschen, das bis weit ins 17. Jahrhundert medizinisch-wissenschaftliche Gültigkeit besaß. Allerdings ging er davon aus, dass Frauen „kälter" seien als Männer und daher die in der Körpersäfte-Theorie höchste Verwandlung von Nahrung zu Blut zu Sperma nicht durchfüh-ren könnten. Die Menstruation wäre dazu da, das überschüssi-ge Blut loszuwerden. Im Idealfall könnten Frauen spezifische „weibliche" Tugenden entwickeln.

Als diese wurden lange Zeit das Helfen, Heilen und Pflegen gesehen, die mit den Tugenden Häuslichkeit, Sparsamkeit und Keuschheit assoziiert waren. Ab der Christianisierung Europas galt Maria von Nazareth, die im Neuen Testament genannte Mutter Jesu Christi, als tugendhaftes Vorbild der Frauen. Neu erfunden wurde die „weibliche" Tugend erst wieder mit dem aufklärerischen Denken des 18. Jahrhunderts, wo die Frage „Hat die Tugend ein Geschlecht?" erneut auftaucht. Der moder-ne Geschlechterdualismus, der sich im 18. Jahrhundert heraus-bildet und durchsetzt, bleibt aber durchaus umstritten. So fin-det sich sogar die Ansicht, wie Esther Suzanne Pabst[130] in ihrer

Dissertation belegt, „dass der Briefroman in dieser Zeit als privilegiertes Medium für die Konstruktion und lehrhafte Vermittlung der weiblichen Tugend erscheint". Er ist als Medium nötig, um die Differenz zwischen den Geschlechtern zu verankern, die vielerorts als soziokulturelle Konstrukte gesehen werden.

Kein Zufall, dass patriarchal geprägte Kulturen diese und keine anderen Vorbilder erschaffen haben und ihre Tugenden grundsätzlich als „Männertugenden" überlieferten. Auch dass sie „Zerbrechlichkeit, Verletzlichkeit, Schutzbedürfnis" dem weiblichen Charakter als Tugenden zuschreiben und für die Männer negieren, ist bestenfalls amüsant, schlimmstenfalls ein verstörendes Zeichen. Wenn es Buben und Männern geradezu denkunmöglich erscheint, Mädchen beziehungsweise Frauen als Vorbilder zu sehen, liegt es auch an dieser Überlieferung. **Hört ein Junge zur Motivation die Verweiblichungsdrohung „Sei kein Mädchen!", ist damit hier nur ein Beispiel genannt – wie also etwas zum Vorbild nehmen, was Mann auf jeden Fall nicht sein möchte?** Wer weiß, ob nicht das Problem der fehlenden männlichen Vorbilder einfach durch die Aufwertung weiblicher zu beseitigen wäre. Das Besondere an Tugenden ist doch, dass sie a priori weder männlich noch weiblich sind, also dass beide Geschlechter sie besitzen können.

Stattdessen befürchten einige, dass es nach der #MeToo-Bewegung und dem Weinstein-Skandal fürderhin weder männliche Vorbilder noch männliche Tugenden wie „Tapferkeit, Gleichmut, Entschlossenheit, Verantwortung, Rationalität, Gemeinsinn, Sorge um die öffentliche eher als um die private Sphäre" mehr geben wird. Wenn Autor Daniele Giglioli[131] besorgt fragt, ob nicht durch die fortschreitende Dekonstruktion der patriarchalen Ideologie auch die Tugenden verschwinden, die den Männern zugeschrieben wurden, müssen wir eher an der Ausführung der Tugenden oder der tugendhaften Absicht der Ausübung zweifeln.

Wenn Männer wie Trump, „die vom männlichen Charakter lediglich dessen raubtierhafte Züge, rohe Gewalt und Präpotenz geerbt zu haben"[132] scheinen, ihre sogenannten „männlichen" Tugenden öffentlichkeitswirksam zur Schau stellen, dann twittern sie über andere „starke" Männer wie beispielsweise den Anführer der Terrororganisation Islamischer Staat Abu Bakr al-Baghdadi: „Er starb wie ein Hund, er starb wie ein Feigling. Er hat gewimmert, geschrien und geweint. Offen gesagt ist das etwas, was betont werden sollte, damit seine Anhänger und all die jungen Leute, die ihre Länder verlassen wollen – inklusive der USA –, sehen, wie er starb. Er starb nicht wie ein Held, er starb wie ein Feigling."[133] Frei übersetzt vermittelt Trump folgende Botschaft an die Männer da draußen, an deren Männlichkeit er appelliert: „Männer müssen mutig sein!" Indem er ein Ideal der Hypermaskulinität beschwört, das Härte, Gewalttätigkeit, Gefährlichkeit und Kaltschnäuzigkeit der Einstellung zu Frauen und Sex als „männliche" Tugenden sieht, sagt er gleichzeitig: „Du bist kein echter Mann, wenn du im Angesicht des Todes wimmerst, schreist, weinst und damit Schwäche zeigst." Übersetzt bedeutet das, dass „echte" Männer unter keinen Umständen Angst haben dürfen. In Aussagen wie diesen zeigt sich eine besonders zerstörerische Form der Geschlechternormierung. Was macht es mit verunsicherten Männern, die so etwas seit frühester Kindheit zu hören bekommen? Sie suchen beispielsweise nach Bestätigung in einem Bereich, in dem diese Männlichkeitsversion seit jeher ein großes Ansehen genießt: dem Militär.

Der Krieg ist der Vater aller Dinge

Kaum ein Buch zu Krieg und Gewalt hat eine derartige Verbreitung gefunden wie das Werk des preußischen Generalmajors und Militärethikers Carl von Clausewitz. Er skizziert den Krieg als einen erweiterten Zweikampf. „Wollen wir uns die Unzahl der einzelnen Zweikämpfe, aus denen er besteht, als Einheit denken, so tun wir besser, uns zwei Ringende vorzustellen. Jeder sucht den anderen durch physische Gewalt zur Erfüllung seines Willens zu zwingen; sein nächster Zweck ist, den Gegner niederzuwerfen und dadurch zu jedem ferneren Widerstand unfähig zu machen."[134] So weit die allgemeine Definition. Diese erklärt aber noch nicht, wie es dazu kam, dass Krieg, Gewalt und Männlichkeit selbstverständlich verschränkt gedacht werden.

Der griechische Philosoph Heraklit war einer der ersten Theoretiker, die Männlichkeit und Gewalt zusammendachten. Der Krieg als „Vater aller Dinge" ist, wie im Folgenden gezeigt wird, vor allem der Vater verschiedener Männlichkeiten. So beeinflusst er die Entwicklung von Buben und Männern in Friedens- genauso wie in Kriegszeiten. Will man diese kontroverse Aussage wörtlich nehmen, dann ist Krieg nicht nur der Vater seiner Söhne, sondern aller Dinge, also auch seiner Töchter. Gleichwohl scheint er für die Geschlechter völlig unterschiedliche Aufgaben bereitzustellen. Wie kommt es also, dass bis in unsere Zeit in fast allen Kulturen die Männer für das Kriegführen, die Frauen hingegen für Familie und Kinderkriegen zuständig sind? Wieso, so muss man fragen, kommt es zu ausgerechnet dieser dichotomen Gegenüberstellung von Männlichkeit und Weiblichkeit?

Nach der Philosophin Simone de Beauvoir ist der „schlimmste Fluch", der auf der Frau lastet, „daß sie von den Kriegszügen ausgeschlossen ist. Nicht indem er Leben schenkt, sondern indem er es einsetzt, erhebt sich der Mensch über das Tier. Deshalb wird innerhalb der Menschheit der höchste Rang nicht dem Geschlecht zuerkannt, das gebiert, sondern dem, das tötet." Der Schlüssel zum Geheimnis der Abwertung der Frauen, so Beauvoir, steckt in diesem Konstrukt fest. Wir bewerten Lebensgründe höher als das Leben, deshalb „hat der Mann sich der Frau gegenüber als Herr gesetzt".[135] **Leben schenken ist weiblich, leben nehmen männlich. In dieser Ideologie wird das Riskieren und Töten von Leben einerseits als exklusiv männliche Fähigkeit beansprucht. Andererseits wird diese Tätigkeit kulturell über die „weibliche" Fähigkeit, Leben hervorzubringen, gestellt.**

Nach der Logik des Militärs produzieren nur Männer Männer. In Handbüchern von Unteroffizieren lässt sich lesen, dass nicht nur der Wille des Mannes gestählt, sondern auch der Mann „männlich" gemacht werden soll. Hier wird eine scharfe Grenze zwischen dem „unmännlichen" zivilen Mann und dem „männlichen" soldatischen Mann gezogen. So trug die Mannhaftigkeit des Militärs maßgeblich zur Konstruktion eines Gewaltgebotes für Männer bzw. Gewaltverbotes für Frauen bei. Das Militär wurde zum Bollwerk der Männlichkeit par excellence, die bis heute die körperliche „Überlegenheit" des Mannes feiert: Bürger, Soldat, Mann verschmelzen in einer Person. „Ziel der verschiedenen militärischen Disziplinierungstechniken ist die Erzeugung von Gleichheit der männlichen Körper und eine Angleichung der Psychen. Individuelle Eigenheiten, frühere Erfahrungen und Prägungen des Verhaltens sollen als belanglos verschwinden, zu Gunsten einer verbindlichen Männlichkeit"[136], erklärt die Sozialwissenschaftlerin Christine Eifler. Wenn also Frauen diejenigen sind, die Leben gebären und nähren können, dann liegt für eine auf Dichotomie und Negativität (im Sinne von „Nicht-Weiblich-Sein") aufbauende männliche Identität nichts näher, als gerade im Gegenteil dieser Fähigkeit das „spezifisch Männliche" zu sehen: die Fähigkeit, Leben zu riskieren und zu töten. Ob als Ritter, Soldat oder Superheld kommt *ihm* das Privileg des Tötens zu.

==Doch auch Frauen sind am Schlachtfeld keine Neulinge. Folgt man der Mythologie, gibt es mindestens seit den griechischen Amazonen aktive Kämpferinnen.== Dennoch schienen Krieg und Gewalt nie wirklich zum traditionellen Bild der schutzbedürftigen, friedfertigen Frau zu passen. Homer erwähnt das kriegerische Frauenvolk der Amazonen erstmals in Zusammenhang mit dem Trojanischen Krieg. Archäologische Funde deuten darauf hin, dass ein Amazonenvolk vom 8. bis zum 5. Jahrhundert vor Christi im Bereich der heutigen Ukraine, Anatoliens und Libyens beheimatet war. Dennoch ist die Existenz dieser „Frauenarmee" bis heute wissenschaftlich umstritten. Hingegen unumstritten ist die Frauenarmee des westafrikanischen Königreichs Dahomey. Die vom 17. bis zum 19. Jahrhundert bestehende Frauenarmee war vor allem wegen ihrer außerordentlichen Grausamkeit gefürchtet. Bis zu 5000 Frauen, die auch „Amazonen von Dahomey" genannt wurden, bildeten eine Eliteeinheit zur Jagd auf Sklaven und zum Schutz des Königs. Wesentliche Bestandteile ihrer militärischen Ausbildung waren Ausdauertraining, körperlicher Drill und ein Keuschheitsgelübde.[137]

Letzteres unterstreicht das oft geäußerte Argument, dass Frauen aufgrund ihrer biologischen Disposition und der Möglichkeit von Schwangerschaften nicht als Kämpfer oder für den Militärdienst geeignet sind. Im Zeitalter von Verhütungsmitteln und künstlicher Intelligenz lässt sich dieses allerdings leicht zurückweisen. Männer mögen früher besser zum Militärdienst geeignet gewesen sein, Medizin und Technik haben aber das Geschlechterverhältnis ebenso verändert wie das Frauenwahlrecht die politische Verantwortlichkeit beider Geschlechter. Warum wollen wir also noch immer, dass Frauen Gewalt höchstens „freiwillig" ausüben?

In Österreich können Frauen erst seit 1998 freiwillig zum Bundesheer. Statistisch gesehen liegen die Zahlen derzeit zwischen weniger als einem Prozent in Polen oder Österreich, bis zu fast 14 Prozent in Ländern wie Russland und den USA. 2019 dienten 662 Frauen als Soldatinnen[138] im Österreichischen Bundesheer. Dennoch gab sich das Verteidigungsministerium im April 2019 zufrieden: „21 Jahre nach Erlassung des Gesetzes über die Ausbildung von Frauen im Bundesheer sind Soldatinnen ein gut integrierter und unverzichtbarer Bestandteil des österreichischen Bundesheeres", stellte der Ex-Verteidigungsminister der rechten FPÖ Mario Kunasek 2019 mit Blick auf die Zahlen des aktuellen Berichts über die militärischen Dienstleistungen von Frauen fest. Die Gesamtzahl der Soldatinnen stieg von 89 Ende 1999 auf 662 Ende 2018. Kunasek betonte, „dass es ihm ein großes Anliegen sei, auch weiterhin sowohl die Anzahl der Soldatinnen zu erhöhen als auch die Attraktivität des Berufsbildes Soldatin zu stärken".[139]

Die Attraktivität scheint sich aber bisher eher in Grenzen zu halten. Auch in der Schweiz ist der Frauenanteil in der Armee immer noch verschwindend gering: 995 Frauen leisten gemäß neuesten Zahlen Dienst in der Schweizer Armee. Dass Frauen in der Armee durchaus gewünscht werden, erklärte der Präsident der Schweizerischen Offiziersgesellschaft, Stefan Holenstein, im Frühjahr 2019: „Man muss in Sachen Frauenförderung viel

mehr machen. Uns ist es sehr ernst. Wir haben ein Bestandspro-
blem, und die Frauen können mithelfen, das zu lösen."[140] In den
nächsten Jahren will man zwischen 3000 bis 5000 Frauen für
die Armee gewinnen. Nachdem die Entscheidung des Europäischen Gerichtshofes im Jahr 2000 dem weiblichen Geschlecht
den uneingeschränkten Zugang zu allen militärischen Laufbah-
nen öffnete, leisten mittlerweile etwa 22.500 Soldatinnen ihren
Dienst bei der Deutschen Bundeswehr. Die deutsche Ex-Bun-
desverteidigungsministerin Ursula von der Leyen wollte den
Frauenanteil zukünftig sogar auf 20 % erhöhen.

Auch wenn die Zahl der Frauen im Militär steigen würde: Sie
sind weiterhin vor allem im Sanitätsdienst vertreten. Im Jahr
1975 war dies der erste Bereich der Deutschen Bundeswehr,
der für Frauen geöffnet wurde. Zuvor kamen Frauen bereits bei
den Streitkräften der DDR, der Nationalen Volksarmee (NVA),
außerhalb des Sanitätsdienstes zum Einsatz. Diese wurden bei
der Eingliederung der Nationalen Volksarmee in die Bundeswehr allerdings nicht übernommen. Die Integration von Frauen
im militärischen Dienst machte also nicht nur Fortschritte, sondern zugleich Rückschritte.

DARF WONDER WOMAN SEX HABEN?
**Kämpferinnen und Kriegerinnen wurde seltsamerweise
immer ein Keuschheitsgürtel verpasst. Ob die Amazonen
von Dahomey oder die Jungfrau von Orléans: Im Bezug
auf Männer haben sie eines mit der ersten Superheldin,
Wonder Woman, gemeinsam. So wie Superman eine
Schwäche gegen Kryptonit hat, so ist ihre Schwäche,
dass sie all ihre Kräfte verliert, wenn ein Mann ihre Arm-
bänder aneinanderkettet oder sie fesselt. Männer, die**

Wonder Woman zu nahe kommen, können ihr also nicht nur – metaphorisch – gefährlich werden. Es scheint fast, als hätten ihre Erfinder William Moulton Marston und seine Frau Elizabeth Holloway Marston diese Sicherung eingebaut, damit ihre Superheldin ihrem Liebhaber nicht über den Kopf wachsen kann. Auch wenn sie als emanzipatorische Figur angelegt ist, letztendlich ist Wonder Woman auch nur eine Frau namens Diana, die sich vor Männern in Acht nehmen muss. Hochschwanger lässt sich das Lasso schlechter schwingen.

Wehrpflicht für alle?

Wenn wir echte Gleichberechtigung wollen, müssen wir unpopuläre Themen ansprechen. Da wäre beispielsweise die Verpflichtung der Männer zu Bundesheer und Zivildienst. Die österreichische Rechtsphilosophin Elisabeth Holzleithner weist darauf hin, dass es ebenso geschlechterdiskriminierend ist, nur Männer zu verpflichten. „Entweder, man macht es komplett freiwillig – wenn es aber eine Verpflichtung gibt, dann sollten auch junge Frauen davon erfasst sein."[141] Dabei ist der Gedanke einer Wehrpflicht für Frauen nicht neu, lediglich die Argumentationen für oder dagegen unterscheiden sich. „Der ausschlaggebende Grund für eine Befürwortung weiblicher Gleichverpflichtung bei Verteidigungsaufgaben wäre jedoch, daß diese dazu beitragen könnte, das politische Interesse der Frauen zu mobilisieren und das Kriegsrisiko zu senken. (…) Nicht weil Frauen pazifistischer wären als Männer, sondern weil es dann in jedem Land doppelt so viel Leute gäbe, die Angst um ihr Leben hätten."[142] Abgesehen davon, ob diese Überlegung stimmt oder nicht, einige wenige Länder teilen den Gedanken dahinter.

2014 hat das norwegische Parlament mit großer Mehrheit die Einführung der Wehrpflicht für Frauen beschlossen. Seit 2016 rücken die Norwegerinnen zu einem 12-monatigen Wehrdienst ein, Norwegen ist damit das einzige europäische Land, in dem eine Wehrpflicht für Frauen besteht. Begründung: Die Armee solle das Volk widerspiegeln, auch geht es um Gleichheit, so der Grundgedanke dieser wirklich allgemeinen Wehrpflicht.[143] Die Einführung der Wehrpflicht ist aber nicht vom Himmel gefallen. Frauen haben im norwegischen Militär eine längere Geschichte: Norwegen war eines der ersten NATO-Länder, die Frauen den Zugang zum Militär öffneten. Männer dürfen seit 2013 lange Haare tragen, wenn sie sich beim Einsatz einen Zopf binden. Einmal in der Woche gibt es vegetarisches Essen – als Maßnahme gegen den Klimawandel.

Der Männerforscher Willi Walter weist folgerichtig darauf hin, dass Wehrpflicht und Kriegspflicht gezielt als Bollwerk der Männlichkeit eingesetzt werden. Junge Männer können mit ihrer Hilfe zum Soldatensein gezwungen werden. „Im Unterschied zur freiwilligen Verpflichtung besteht mit der Wehrpflicht ein Zwang, der eine selektive Entrechtung, eine geschlechtsbezogene Diskriminierung und eine Legalisierung von Gewalthandlungen darstellt."[144] Viele männliche und weibliche Frauenrechtler argumentieren dagegen, dass „(…) diese Benachteiligung der Männer durch die weibliche Gebärtätigkeit ausgeglichen wird, doch dieser Vergleich ist nicht stichhaltig. (…) Außerdem müßte man, (…) Frauen zum Gebären verpflichten können, wie man Soldaten zum Kämpfen verpflichtet."[145] Wobei es absurd ist, eine biologische Funktion mit einer politischen Verantwortung gleichzusetzen. Dennoch passiert das, wie die Beispiele Erdoğan und Orbán belegen. Sie versuchen Frauen das Gebären nahezulegen, sei es mit der Aussicht auf Steuervergünstigungen, Bonuszahlungen oder gesellschaftlicher Anerkennung. Ihre Rhetorik aber, wenn es um Volk und Vaterland geht, nimmt die Frauen unverblümt in die Gebärpflicht.

Doch soll Frauen nun das gleiche Unrecht widerfahren? Sollen sie wirklich zum Wehrdienst verpflichtet werden, nur um einer umstrittenen Gerechtigkeit Genüge zu tun? Das Vorangehende zeigt, wie stark hypermaskuline Geschlechterklischees auch zuungunsten der Männer funktionieren. Und in diesem Fall sprechen sie Männern nicht weniger als das Recht auf körperliche Unversehrtheit, Leben, Verletzlichkeit und Person ab. Vielmehr werden die getöteten Soldaten als „Verluste" quantifiziert und nicht als Opfer des Krieges gesehen. Seltsamerweise findet sich ein Mann als Soldat in jener Rolle wieder, mit der sich sonst meist Frauen auseinandersetzen müssen: Der Mann wird auf seinen Körper reduziert, als ein Dienstobjekt wahrgenommen, das Frauen vor den Unbilden des Krieges schützen und sein Leben notfalls für die Interessen anderer opfern soll. Auch hier scheint es aus gesellschaftskritischer Sicht nicht sinnvoll, sich mit dem Hinweis auf ausgleichende Gerechtigkeit abspeisen zu lassen.

Die geschlechterspezifischen Konstruktionen von Beschützer und zu Beschützender aufzubrechen birgt die Chance, nicht nur die hierarchischen Geschlechterverhältnisse zu durchbrechen, sondern Frauen für die Anwendung von Gewalt in die Verantwortung zu nehmen. Judith Stiehm meint, dass der Zugang von Frauen zum Militär nicht nur deshalb so wichtig sei, da sie dann auch militärische und kriegerische Gewalt ausüben könnten, sondern weil sie damit auch die gleichberechtigte Verantwortung für die Anwendung militärischer Gewalt tragen würden. Die Anwesenheit von Frauen könnte somit nicht nur den militärischen Alltag, sondern auch das männliche Gewaltmonopol erschüttern. „In den Kriegen im 20. Jahrhundert wurden vor allem Frauen und Kinder zu Opfern. Die Gewalt gegen die Zivilbevölkerung übertraf die Verluste unter den militärisch Kämpfenden. (…) Die Realität zeigt, dass eine Trennung in Zivilistinnen und Kämpfende unmöglich geworden ist und dass sich Unbewaffnete in einer schutzlosen Situation befinden. Besonders gefährdet sind nicht kämpfende Frauen."[146] Was aber, wenn wir Frauen dadurch, dass wir ihnen die Befähigung zur Gewalt absprechen, sie zusammen mit den Kindern als zu Schützende deklarieren, in ihrer Opferrolle festschreiben? Was, wenn wir sie nicht vor Gewalt schützen, sondern sie dieser vielmehr ausliefern? Die völkerrechtliche Pflicht zur Schonung der wehrlosen Zivilbevölkerung besteht oft nur auf dem Papier.

Töten nach Algorithmen

„Stellen wir uns vor: Nach einem Cyberangriff sind in weiten Teilen Österreichs die Computernetzwerke ausgefallen. Terroristische Angriffe auf kritische Infrastrukturen gefährden die Wasser- und Stromversorgung. Die öffentlichen Verkehrsmittel stehen still. Die Bevölkerung hat zu wenig Lebensmittel daheim. Supermärkte werden geplündert. Chaos in Österreich! Ein leider nicht unrealistisches Szenario für die Sicherheit Österreichs, das unmittelbar eintreten kann."[147] Was sich hier wie das ultimative Szenario für den nächsten Superheldenfilm liest, steht im Vorwort eines aktuellen Berichts zum Österreichischen Bundesheer. Der Schreiber dieser Zeilen ist also kein Drehbuchautor, sondern der ehemalige österreichische Bundesminister Starlinger, der vor den ganz normalen Bedrohungen des 21. Jahrhunderts warnt. Bedrohungen, die auch für eines der sichersten Länder der Welt nicht ausgeschlossen werden können. Wie lässt sich also die Frage nach nationaler Sicherheit unter veränderten Vorzeichen beantworten? **Wie wird Gewalt ausgeübt und von wem? Was, wenn sich auch Männer zukünftig nicht mehr zur Gewalt verpflichten lassen?**

Es geht ja längst nicht nur um die physische Gewalt des soldatischen Mannes, durch die der Kontrahent besiegt werden soll. Mittlerweile hat die künstliche Intelligenz in jede Art der Kriegsführung Einzug gehalten, der eigentliche Krieg tobt längst: allerdings im Cyberraum, erklärt Jurist, Historiker und Oberstleutnant des Österreichischen Bundesheeres Markus Reisner. Er schreibt in seinem Buch „Robotic Wars", dass nicht nur die USA, Frankreich, Italien oder Israel über umfangreiche Drohnenprogramme verfügen, sondern auch der Iran oder Pakistan unbemannte ferngesteuerte Flugkörper zu gezielten Tötungen einsetzen. „Auch wir sind gefordert, Systeme zu entwickeln oder zu beschaffen, die den aktuellen Entwicklungen auf dem Gefechtsfeld etwas entgegensetzen können. Wir sind gefordert, unsere Soldaten so auszubilden, dass sie diese Entwicklungen mitdenken. Wenn das Gegenüber Techniken einsetzt, die sich außerhalb des Völkerrechts befinden, dann müssen wir uns darauf einstellen. Das kostet nicht viel Investition, sondern es kostet uns Gehirnschmalz, um entsprechend darauf vorbereitet zu sein."[148]

Automatisierte Systeme gibt es im militärischen Bereich seit Langem, allerdings saß am anderen Ende noch immer ein menschlicher Kommandant, der sie bediente. Also ein menschliches Wesen, das nicht so schnell, effektiv und kontrollierbar reagierte wie eine Maschine. Ein menschliches Wesen, das noch immer die Möglichkeit emotionaler Letztentscheidung hatte:

auch dazu, einen Einsatz nicht durchzuführen. Die aktuellen Entwicklungen deuten aber darauf hin, dass der Mensch jeden Bezug zum Einsatz verlieren könnte. Denn autonome Waffen werden selbstständig Ziele suchen, identifizieren, wählen und attackieren – ohne jede menschliche Kontrolle. Künstliche Intelligenz wird die Gewalt ausüben und über Leben und Tod entscheiden. Aber sollte sie das dürfen? Selbst wenn wir uns für ein Nein entscheiden: Wie ließe sich in einer völlig durchtechnisierten Welt sicherstellen, dass sie es nicht tut? Der deutschamerikanische Informatiker Joseph Weizenbaum mahnte schon in den 1960er Jahren einen kritischen Umgang mit Computern ein. Er bestand darauf, dass die eigentliche Entscheidungsgewalt immer in menschlicher Hand bleiben müsse. Schließlich können selbst in einer Technokratie nur Menschen moralische Subjekte sein und Verantwortung tragen.

Die Transformation von offensichtlicher Gewalt, die in der „Natur des Krieges" (Clausewitz) liegt, zu „distanzierter" verborgener Gewaltausübung gaukelt uns vor, es könnte eine militärische Auseinandersetzung und einen Sieg ohne Blutvergießen geben. Diese bedeutet indessen immer Gewalt. Auch Drohnen und Kampfroboter werden die menschliche Natur nicht umgehen können: Es stirbt sich niemals schön. Viel eher ist zu befürchten, dass die zukünftigen militärischen Gerätschaften Gewalt noch mehr erleichtern werden. Weder Tötungshemmung, Mitleid noch Gewissensbisse sind von künstlicher Intelligenz zu erwarten. Gerade Hochtechnologieländer wie Österreich dürfen sich hier nicht aus der Verantwortung nehmen. „In Österreich passieren technologische Entwicklungen auf einem hohen Niveau, diese Entwicklungen könnten theoretisch auch missbraucht werden, deshalb sollten wir tunlichst danach trachten, dass uns diese Entwicklungen nicht aufgrund eigener Sorglosigkeit aus den Händen genommen werden. Der Schutz des eigenen Cyberraums ist eine der Aufgaben, die sich daraus ableiten lassen",[149] verweist Markus Reisner auf die zukünftigen Herausforderungen des Militärs.

Wie immer sich die Streitkräfte entwickeln, der gewalttätige Akt lässt sich nicht aussparen, so wenig, wie er sich berechnen lässt. Das ist die schlechte Nachricht. Die gute ist, dass diese neuen Kampftechnologien den Frauen die Chance bieten könnten, den gleichen Zugang zur Gewaltausübung – unabhängig von ihrer körperlichen Konstitution – zu bekommen. Das hieße aber, dass künftig beide Geschlechter Fragen der Roboterethik beantworten werden müssen. Schließlich wirkt Technik nie nur als Werkzeug des Menschen, sondern verändert immer auch sein Wesen.

SPIDERMAN UND DAS TROLLEYPROBLEM

Eine Straßenbahn ist außer Kontrolle geraten und droht fünf Personen zu überrollen. Durch das Umstellen einer Weiche kann Spiderman die Straßenbahn auf ein anderes Gleis umleiten. Unglücklicherweise befindet sich dort eine weitere Person, sein Schwarm Mary Jane. Soll Spiderman (durch Umlegen der Weiche) den Tod von Mary Jane in Kauf nehmen, um das Leben von fünf Personen zu retten? Menschen sterben in jedem Fall: Durch Unterlassen oder durch aktives Tun. Die Frage ist also, ob Spiderman den Tod einer Person verursachen soll, um viele zu retten. Wodurch werden Entscheidungen moralisch verwerflich oder sogar moralisch gerechtfertigt? Welche Entscheidung hält juristisch? In Österreich gilt die Ansicht, dass menschliches Leben als gleichwertiges

Rechtsgut nicht quantifizierbar ist. Es ist daher uner-
heblich, ob man durch Handeln einen einzigen Todesfall
oder durch Unterlassung eine Vielzahl an Todesfällen
verursacht. Im deutschen Strafrecht hat die Unterscheidung zwischen Tun und Unterlassen erhebliche Folgen.
Im Widerstreit zwischen einer Handlungspflicht, also die
Weichen umzustellen, und einer Unterlassungspflicht,
nicht einzuschreiten, bezüglich gleichrangiger Rechts-
güter muss nach herrschender Meinung für das Unterlassen entschieden werden. Nur das Untätigbleiben Spi-
dermans wäre daher gerechtfertigt und nicht strafbar.
Glücklicherweise müssen sich Superhelden nicht mit den
Dilemmata von uns menschlichen Normalos herumschlagen. Dank ihrer Superkräfte müssen sie sich nie entscheiden, sondern können alle retten.

Verordnete Gewalt

Wir lassen uns gerne von den modernen Technologien täu-
schen. Die Natur einer militärischen Auseinandersetzung
bleibt gleich, auch wenn sich der Charakter durch die immer
neuen militärischen Technologien zu ändern scheint. Was
passiert also durch die künstliche Intelligenz? „Neue Technologien, so die Logik der Technik-Fans, machen gepaart mit
neuen operativen und taktischen Konzepten die Kriegsführung effizienter, weil sie den von Clausewitz sogenannten
‚Nebel des Krieges‘, also die mit Krieg immer einhergehende
Unsicherheit inklusive möglicher fataler Kollateralschaden,
zu reduzieren oder ganz zu beseitigen versprechen"[150], so
Franz-Stefan Gady in seiner Analyse „Krieg der Mäuse".

Das Ende der klassischen Kriegsführung, wie wir sie aus der

Geschichte kennen, bedeutet keineswegs das Ende von Gewalt. Nach den zwei Weltkriegen wurden die Vereinten Nationen zur einzigen Autorität, die Gewalt anordnen konnte. Mit der Einschränkung, dass diese „ausschließlich zum Schutz der Menschenrechte angeordnet werden und einem dauerhaften Frieden dienen"[151] soll. Das Gewaltverbot der UN-Charta geißelte von nun an den Krieg. Mit wechselndem Erfolg, wie die weltweiten Gewaltexzesse belegen. Vielleicht außerdem, weil internationale „humanitäre militärische Aktionen" notwendigerweise nur eine bestimmte Reichweite haben und damit nationale Gewaltausbrüche nur begrenzt eindämmen können.

Generell scheint man in unseren Breiten der Ansicht zu sein, dass Heer und Militär nicht mehr zeitgemäß und notwendig sind. Dennoch hat das Heer laut der österreichischen Verfassung vier Aufgaben: die Landesverteidigung, also den Schutz der staatlichen Souveränität und Nationalität, die Unterstützung der Polizei, den Auslandseinsatz zum Zwecke der Befriedung und den oft genannten Katastrophenschutz. In Zeiten der Klimakrise der wohl am meisten akzeptierte Militäreinsatz. Nun diagnostizierte ein im September 2019 veröffentlichter Bericht einen katastrophalen Befund.[152] So sprach der ehemalige Verteidigungsminister Starlinger der Bundesregierung Bierlein von „dramatischen" Einschränkungen der Leistungsfähigkeit des Heeres und erklärte zugleich, dass, wenn der politische Wille für eine ordentliche Ausstattung des Heeres nicht vorhanden sei, man der Bevölkerung die Konsequenzen klar sagen müsse.

Auch in Deutschland zeigt sich der Zwiespalt im Verhältnis von Militär und Zivilgesellschaft an der Diskussion um die Erhöhung des Verteidigungshaushalts. Seit 1. Juli 2011 wurde die

Wehrpflicht in Deutschland ausgesetzt und die Bundeswehr damit zu einer Freiwilligenarmee. Seitdem wäre man zwar bereit, so schreibt Norbert Frei in der „Süddeutschen Zeitung", „(…) längst schal gewordene Kabarettnummern über Truppenmangel und Mängeltruppen zu beklatschen und uns über am Boden bleibende Maschinen der Flugbereitschaft zu mokieren."[153] Eine ernsthafte Debatte über die Verfassung der Bundeswehr und ihre Verankerung in der Gesellschaft fände indessen nicht statt.

Dass man dem Militär mit Misstrauen begegnet, mag in Deutschland wie in Österreich zum einen berechtigten historischen Gründen, zum anderen auch einer Doppelmoral geschuldet sein, die auf Gewalt verzichten möchte, aber trotzdem darauf besteht, dass jemand anderer, sei es die USA oder die Agentur Frontex, für die nötige nationale oder globale Sicherheit sorgt. Ein schönes Beispiel ist der Rückzug der US-Truppen aus Nordsyrien, der Anfang Oktober für einen internationalen Aufschrei sorgte und die Befürchtung militärischer Aggressionen seitens der Türkei verstärkte. Angesichts massiver Kritik, die Kurden als militärische Verbündete im Stich zu lassen und die Sicherheit der Region durch den Abzug zu gefährden, sah sich Präsident Trump am 7. Oktober 2019 dazu genötigt, der Türkei via Twitter mit wirtschaftlicher Vernichtung zu drohen.[154]

Anlass zu Angst? **Was würde passieren, wenn das „Recht des Stärken" nicht nur in fernen Ländern, sondern auch auf unseren Straßen regiert? Ein Szenario übrigens, das in allen Helden- und Superheldengeschichten eine wesentliche Rolle spielt.** Um das Gefühl zu umgehen, dass auch sie nichts anderes tun, als das „Recht des Stärkeren" umzusetzen, maskieren sich Superhelden jedes Mal, wenn sie zum Dienst an der Menschheit antreten. Die Maskerade ist gewissermaßen mit dem Zeichen eines Dienstzustandes vergleichbar, so wie die Uniform den Durchschnittsmenschen zu einem Polizisten oder Soldaten mit Sonderrechten macht. Diese Sonderrechte dürfen nicht zu persönlichen Zwecken genutzt werden und sind zusätzlich in einen speziellen Rahmen von Pflichten und Kontrolle eingebettet. Im Fall der Superhelden übernimmt diese Kontrolle ihre eigene moralische Integrität. Bei Superhelden geht es um das Sonderrecht für die Ausübung von Gewalt, um die bestehende Ordnung zu erhalten.

<mark>Was Superheldenstorys immer erzählen, ist, dass die Geschichte von Zivilisation eine Gewaltgeschichte ist.</mark> „Solange die Klassengesellschaft existiert, hat Gewalt eine inhaltliche Bedeutung: entweder steht sie für das Recht der Unterdrückten oder – latent oder manifest – für die Interessen der Unterdrücker. Wenn Gewalt angewendet wird, muss sie legitimiert werden. Oder anders ausgedrückt: die bloß zufällige, unbegründete Gewaltanwendung wird in fast allen Fällen als ‚sinnlos‘ angesehen. – Es wäre die Vorstellung der bürgerlichen Ideologie, wollte man einen Trennungsstrich zwischen Gewalt und Vernunft ziehen. Vielmehr verlangt jeder Gewaltakt gebieterisch nach Aufklärung der ihm innewohnenden Vernunft. Kann diese Aufklärung nicht gegeben werden, so ist der Gewaltakt unmenschlich."[155] Zwischen menschlichen und unmenschlichen Arten von Gewalt zu unterscheiden, ist sinnvoll. Damit vermeidet man die unterschiedslose Verurteilung von Gewalt, die passiert, wenn man alles per se unter dem Etikett „Gewalt" negiert. Gewalt und Konflikt existieren aber unabhängig davon, ob wir sie gut finden oder nicht. Sie müssen nicht nur als Teile unserer Kultur, sondern auch unserer menschlichen Disposition gedacht werden, wenn wir diese Aspekte kontrollieren und bearbeiten wollen.

Gewalt lässt sich nicht negieren, ohne unser aller Sicherheit zu gefährden, aber sie lässt sich durch den Einsatz von Vernunft regulieren. Hans Ulrich Gumbrecht lässt den Zwiespalt in der Frage kumulieren, „(…) ob Gewaltlosigkeit ein Prinzip ist, dessen Verwirklichung wir von uns ‚als Menschen‘ realistischerweise erwarten dürfen – oder ob uns Gewaltlosigkeit im Status einer politisch und moralisch motivierten Verschreibung überfordert und daher unvermeidlich mit dem Risiko verbunden ist, Ereignisse der Gewalt zu provozieren und mangels Gegengewalt unkontrollierbar werden zu lassen."[156] Gerade die neuen technologischen Entwicklungen und politischen Aggressionen machen es notwendig, über unser Verhältnis zur Gewaltausübung nachzudenken. „Indem wir uns in schlichter Ignoranz oder in selbstgenügsamem Pazifismus einrichten, überlassen wir das Thema Militär und Verteidigung einer daran allzu oft nur aus unguten Gründen interessierten Minderheit."[157] Dass das gefährlich werden kann, erklärt sich von selbst.

Wie also mit der Gewalt als individuellem und kollektivem Phänomen umgehen? Was, wenn wir Gewalt nun als Bedingung menschlicher Existenz denken, deren Negation zunehmend gefährlicher wird? Zum Beispiel können wir dann erkennen, dass etwas nicht stimmt, wenn wir das Töten an andere, oder sogar auch an unbemannte Waffensysteme wie Drohnen abgeben und damit den Schein einer friedfertigen Haltung wahren. Wir können nur dann versuchen, Kontrollmechanismen zu etablieren und ethische Kriterien für Gewaltausübung zu formulieren, wenn wir uns trauen, der Gewalt in die Augen zu sehen. Die Frage nach dem Umgang mit der Gewalt kann zwar nur von einem Kollektiv geregelt werden, die Folgen bekommt jedoch jeder Einzelne zu spüren.

Der Sportplatz als Schlachtfeld?

Sportveranstaltungen gab es bereits in der Antike und sie dienten schon immer dazu, nicht nur Potenz, Leistung, Wettbewerbsfähigkeit und Überlegenheit zu zeigen, sondern auch politisch zu beeindrucken. So hatte der makedonische Feldherr Alexander der Große den Ruf, ein guter Läufer zu sein, der angeblich regelmäßig trainiert haben soll – nicht in erster Linie, weil er es im Feld, als Soldat oder Heerführer, gebraucht hätte. Die sportliche Inszenierung diente als Symbol von politischer Macht und Stärke. Aus diesem Grund schwingen sich heute noch Politiker wie Putin und Kim Jong-un öffentlichkeitswirksam in den Sattel, investieren wie Donald Trump in ihre Lieblingsmannschaft, liefen Politiker wie der 2008 verstorbene österreichische FPÖ-Politiker Jörg Haider den Marathon und erzählt der FPÖ-Ex-Innenminister Herbert Kickl, dass er Langdistanz-Triathlet ist.

In keinem anderen Bereich wird der Begriff „Held" so inflationär gebraucht wie im Sport. Moderne „Sporthelden" sind dafür da, zu inspirieren, ein Vorbild dafür zu sein, stets Bestleistungen zu erbringen. Wobei nur die, die es ganz nach oben geschafft haben, tatsächlich zu Helden werden. Wer selbst nicht als Sportheld brillieren kann, hat noch die Möglichkeit, sich in der Gesellschaft von Spitzensportlern zu sonnen. Seit ihrer Wiederbelebung durch den Historiker Pierre de Coubertin wurden die Olympischen Spiele zur Demonstration politischer Macht instrumentalisiert. Die Winterspiele 1936 in Garmisch-Partenkirchen und die Sommerspiele 1936 in Berlin wurden von den Nationalsozialisten als Propagandaforum benutzt, um der Welt die Überlegenheit der „arischen Rasse" durch sportliche Leistungen zu präsentieren. Heute bietet der Fußballrasen ein beliebtes Parkett zur internationalen Leistungsschau. So erschienen 2018 kurz vor den Wahlen in der Türkei Fotos der deutschen Nationalspieler Mesut Özil und Ilkay Gündogan mit dem türkischen Präsidenten Recep Tayyip Erdoğan.[158] Beide Fußballer wurden heftig kritisiert, vor allem weil auf Gündogans Trikot „meinem Präsidenten" aufgedruckt war. Im Zuge der Diskussionen um das Foto mit Erdoğan trat Özil sogar aus dem deutschen Nationalteam zurück. Auch von Sportlern wird erwartet, dass sie sich entscheiden, für welche Seite sie kämpfen. Für sie wird der Sportplatz zu einem entschärften Schlachtfeld.

Ob der Sport nun als Ersatz für die einstigen militärischen Übungen „einerseits als Institutionen der Abführung von Gewaltimpulsen" und andererseits als „institutionelle Formen der Gewaltkontrolle"[159] gesehen wird: Der im Sport praktizierte Körperkult dient als Prüfstein von Mannhaftigkeit. Nach der endgültigen Entwertung von Kraft und Körperstärke durch die Industrielle Revolution und die Ächtung militärischer Tugenden durch die Kriege des 20. Jahrhunderts geben sportliche Wettkämpfe dem Mann die Möglichkeit, seine Männlichkeit zu beweisen: „(…) seine Missachtung des Schmerzes, seine Körperbeherrschung, seine Fähigkeit, Schläge wegzustecken, seinen Willen zu siegen und die anderen zu schlagen."[160] Mithilfe des Sports macht *er* klar, so Philosophin Elisabeth Badinter, dass er kein kleines Kind, kein Mädchen und auch kein Homosexueller ist.

Neue Helden

Der positive Held unserer Zeit ist der Sportheld, der den Actionhelden oder Gangsta-Rappern zum Verwechseln ähnlich sieht, jedoch verblüffenderweise wenig Eindruck auf die Mehrzahl der Frauen macht. Positive Reaktionen bekommen diese Männer von anderen Männern. So ruft der amerikanische White Supremacist und schwule Ex-Bodybuilder Jack Donovan gezielt „männerliebende Männer" dazu auf, sich nicht mit den „schlimmsten Feinden der Männlichkeit, den Feministinnen"[161] zu verbünden. Wie man am Beispiel Donovan sieht, lässt sich aus der Sehnsucht nach männlicher Bestätigung ein schönes Kapital schlagen.

Normalerweise denkt man eher, dass Frauen mediale Schönheitsideale verkörpern müssten, doch das brandaktuelle Phänomen der Muskeldysmorphie, zu deutsch Muskelsucht, bei Männern straft dieses Vorurteil Lügen. Sineb el Masrar analysiert den sogenannten „Adonis-Komplex" in ihrem Buch „Muslim Men", speziell in Bezug auf muslimische Männer mit Migrationshintergrund. Bei diesen Männern „(…) scheint der Adonis-Komplex nun durch das Bedürfnis hervorgerufen zu sein, andere Menschen – beiderlei Geschlechts – zu beeindrucken und von ihnen Bewunderung zu ernten. (…) Traditionelle Geschlechterrollenstereotype sind weitere einflussreiche Faktoren. Solche Männer und Jungen haben ein größeres Problem mit der Gleichberechtigung der Geschlechter."[162] Mit der Überbetonung von Muskeln, als vermeintlich männliche Merkmale, zeigen sie ihre Einstellung auch nach außen.

Neben der Tatsache, dass Muskelaufbaupräparate und Fitnessstudios eine Menge Geld fressen, können sie sich zudem negativ auf die Gesundheit der Männer auswirken: von Herz- und Leberschäden über erhöhte Aggression bis zu kognitiven Problemen und Potenzschwierigkeiten. Letztere wiegen umso schwerer in einer Welt, in der einem Mann umso mehr Potenz zugeschrieben wird, je wahrscheinlicher sich in Wirklichkeit seine Fruchtbarkeit reduziert. Der hypermännliche Körper hat Wert – egal wie aufgepumpt die Muskeln sind.

Auch in der Welt von Superman gibt es dieses visuelle Phänomen. So ist es fraglich, warum Superman überhaupt in der Erscheinungsform eines Bodybuilders auftritt und dieses hauteng Trikot samt Umhang tragen sollte? Seine Superkraft hat nämlich weder mit seiner realen Muskelmasse noch seinem äußeren Erscheinungsbild zu tun. Superman könnte ganz anders aussehen. Dass er es nicht tut, ist weder im Superheldenmythos noch im Sport zufällig. In beiden wird das optische Erscheinungsbild des Körpers zu einem Zeichen glorifizierter Männlichkeit. „Viele Muskeln könnten auch dazu dienen, sich zu wehren und zurückzuschlagen", meinen die Psychologen Dieter Wolke und Maria Sapouna von der Warwick Medical School.[163] Sie befragten Bodybuilder zu ihren Kindheitserfahrungen und entdeckten, dass viele Opfer von beleidigenden Kommentaren und Schikanen durch Gleichaltrige waren. Diese Erfahrungen von – verbaler und/oder körperlicher – Gewalt hatte den Wunsch in ihnen geweckt, möglichst stark und unverwundbar zu werden.

WENN HYPERMASKULINITÄT KRANK MACHT
Beim Adonis-Komplex handelt es sich um eine Störung des Selbstbilds. Trotz intensiver Beschäftigung mit Körper, Aussehen und Muskeln bilden sich die Betroffenen ein, dass der eigene Körper zu wenig muskulös sei und trainieren eisern weiter. Die Ursachen der Störung sind unklar, auch weil psychische Erkrankungen bei Männern noch immer ein Tabuthema sind. Es lässt

sich allerdings wissenschaftlich feststellen, dass die Orientierung an gesellschaftlichen Normen und traditionellen Geschlechterstereotypen eine einflussreiche Rolle spielt.[164] Männer, die sich mit der Rolle des Mannes als Beschützer und Ernährer identifizieren und durch moderne männliche Rollenbilder verunsichert sind, scheinen eher unter dem Adonis-Komplex zu leiden. Die Betroffenen versuchen also, über ihr Aussehen eine idealisierte Männlichkeit herzustellen. Da es diese per se nicht gibt, geraten sie in einen Teufelskreis.

Was mich nicht umbringt, macht mich stärker

Egal ob im Militär, Sport oder bei den Superhelden: In allen geht es nicht nur um die Optimierung von Leistung, sondern vor allem um Selbstoptimierung. Bruce Wayne alias Batman ist der archetypische neoliberale Superheld. In seinem Sinne kann der Fitness- und Selbstoptimierungstrend als Ausdruck des berühmten Ausspruchs von Nietzsche gedeutet werden: Was mich nicht umbringt, macht mich stärker. Zumindest im eigenen Leben möchte man ein Superheld sein. Batman hat sich selbst erschaffen, er trainiert, um seine körperliche Leistungsfähigkeit zu optimieren. Doch ein großer Teil seiner Superkräfte lässt sich auch mit Technologie und externer Expertise kaufen. Seine Besonderheit ist seine Einstellung, genau das fanatisch zu tun. Abseits seines Glücks, sehr reich geerbt zu haben, ist es seine psychologische Verfassung, durch die er seine technische und körperliche Selbstoptimierung auf die Spitze treibt. Gerade diese Besessenheit ist wesentlicher Bestandteil des Sports. War es früher nur den professionellen Athleten möglich, auf technische Messgeräte zurückzugreifen, kann heute jeder an seiner Performance arbeiten. Batmans Technologien werden plötzlich für alle erschwinglich. Sensoren messen Daten, die vom Kalorienverbrauch bis zu Gemütszuständen alles protokollieren und auswerten. Es gibt nichts am Körper, das nicht optimiert werden könnte. „Das Motto von *Quantified Self* heißt ‚Self Knowledge through Numbers‘, Selbsterkenntnis durch Zahlen. Aus Daten und Zahlen allein, wie umfassend sie auch sein mögen, ergibt sich keine Selbsterkenntnis", so bringt es der deutsche Philosoph Byung-Chul Han in seinem Buch „Psychopolitik" auf den Punkt. „Zahlen *erzählen* nichts über das Selbst. Zählung ist nicht Erzählung. Das Selbst verdankt sich aber einer *Erzählung*. Nicht Zählen, sondern Erzählen führt zur Selbstfindung oder zur Selbsterkenntnis."[65] Eine Möglichkeit der Selbsterzählung ist der Schmerz.

Entwicklungsgeschichtlich dienen Schmerzen als Alarmsignal. Sinneszellen reagieren auf mechanische, thermische oder chemische Reize, die ab einer gewissen Grenze als Schmerz wahrgenommen werden. Der Alarm signalisiert, dass unverzüglich Gegenmaßnahmen eingeleitet werden müssen, um Schäden zu vermeiden oder gering zu halten. Das Kind zieht die Hand ruckartig von der Herdplatte zurück, um sich nicht zu verbrennen. Grünes Kryptonit verursacht Superman Schmerzen bei akuter Exposition und kann bei längerer sogar tödlich für ihn sein. Neben den körperlichen Aspekten von Schmerz wurde in diversen Schmerzdefinitionen immer auch auf den Schmerz als „psychisches Korrelat eines vitalen Schutzreflexes" hingewiesen. „Dieses ‚psychische Korrelat‘ macht es unmöglich, Schmerz objektiv zu messen oder zu berechnen, wie beispielsweise die Körpergröße oder den Blutdruck."[166] Daraus folgt, dass die Art und

Weise, wie Schmerz empfunden und gewertet wird, immer auch im entscheidenden Maße vom Einzelnen abhängt und von den jeweiligen sozialen und pädagogischen Erfahrungen geprägt ist.

Können wir also lernen, uns gegen Schmerzen abzuhärten? Anscheinend ja, wie Forscher um Monika Dirkwinkel vom Universitätsklinikum Bergmannsheil in Bochum mit Hirnstrommessungen bei Kampfsportlern zeigen konnten: **Wer regelmäßig asiatische Kampftechniken wie Kung-Fu oder Karate ausübt, wird unempfindlicher gegen Schmerz.** „Kampfkünstler gehen viel gelassener mit Schmerzen um und scheinen auch weniger empfindlich zu sein", resümiert Dirkwinkel.[167] Die Abhärtung gegen Schmerzen ist wesentlicher Bestandteil von Sport und geschieht bei Kampfkünsten unter anderem durch Simulationen von Treffersituationen im Kampf. Ziel ist es, den Schmerz als Schutzmechanismus auszutricksen, weil ein Rückzug dem Gegner einen Vorteil verschaffen könnte. Beim Studium der Techniken geht es also weniger darum, einen gesünderen oder leistungsfähigeren Körper zu bekommen, sondern dass das Gehirn lernt, bestimmte Schmerzen nicht ernst zu nehmen. „Wir konnten keine körperlichen Veränderungen bei Kampfsportlern feststellen, die die verminderte Wahrnehmung von Schmerzen erklären würden." Die Studienergebnisse deuten darauf hin, dass die psychische Akzeptanz von Schmerzen ihre Wahrnehmung ändert: „Für Kampfsportler ist das Schmerzgefühl nicht negativ behaftet, sondern selbstverständlicher Teil des Trainings."[168]

Das Wissen, dass Schmerz im Kopf entsteht und nicht jeder eine körperliche Bedrohung darstellt, kann Schmerz lindern. Bei Kindern zeigt sich, dass die Angst vor dem Schmerz oft schlimmer ist als der Schmerz selbst. Wie weh etwas tut, ist oft abhängig davon, wie die Umwelt darauf reagiert. Eltern, die ihre Kinder bei akuten Schmerzen ablenken, lenken damit das Gehirn vom unangenehmen Reiz ab. Mit dieser bewährten Taktik ging schon der Philosoph Immanuel Kant gegen seine Gichtanfälle vor und empfiehlt sie in seinem Werk „Von der Macht des Gemüts": „Nun aber, aus Ungeduld, am Schlafen mich gehindert zu fühlen, griff ich bald zu meinem stoischen Mittel, meinen Gedanken mit Anstrengung auf irgendein von mir gewähltes gleichgültiges Object, was es auch sei, (z. B. auf den mit vielen Nebenvorstellungen enthaltenden Namen Cicero) zu heften: mithin die Aufmerksamkeit von jener Empfindung abzulenken; dadurch diese dann und zwar schleunig stumpf wurde."[169]

Wenn wir bis zu einem gewissen Grad lernen können, mit Schmerzen und Negativität umzugehen, ist der Umgang mit Negativität nicht nur eine Sache der Medizin, sondern auch eine Sache der Pädagogik. Schon im 18. Jahrhundert hielt der Philosoph Jean-Jacques Rousseau die „Abhärtung" in seinem Erziehungsroman „Émile" als wesentlich für die Erziehung. Die Gewöhnung der Kinder an das „Ertragen von körperlichem Schmerz, Hunger, Durst und Müdigkeit" bereiteten sie wesentlich besser auf das Leben vor als „Verzärtelung".[170] Schmerz ist bei ihm keine rein negative Erfahrung, die es um jeden Preis zu vermeiden gilt. Ähnliches hält auch Immanuel Kant in seiner Schrift „Über Pädagogik" fest: „Denn, je mehr auf diese Weise sein Körper gestärkt und abgehärtet wird, um so sicherer ist er vor den verderblichen Folgen der Verzärtelung."[171] Diese pädagogische Anschauung fand im 20. Jahrhundert unter der nationalsozialistischen Gesundheitspolitik ihren Höhepunkt. Ab diesem Zeitpunkt wurde Abhärtung staatlich angeordnet und unter medizinische Aufsicht gestellt. Wer ein „echter" Mann sein will, muss schmerzunempfindlich sein. Frauen müssen unter Schmerzen gebären. Der Soldat muss tapfer an der Front sein, die Mutter aufopfernd ihren Mann und ihre Kinder pflegen. Die Erwartung, dass der Einzelne Schmerz erträgt, galt damit als Beweis, ob „… es das Individuum wert ist, zu einer bestimmten Gruppe zu gehören. Besteht es diesen Test nicht oder entzieht sich ihm, hat das Individuum keinerlei Chancen auf eine normale soziale Karriere."[172]

Es gibt also Situationen, in denen sich geistig gesunde Menschen willentlich Schmerzen aussetzen. Hier ist die ursprünglich biologische Funktion des Schmerzes als Warnsignal sekundär. „Soziobiologisch kann dieses Verhalten damit begründet werden, dass man nachweist, über bestimmte von der Gesellschaft geforderte Eigenschaften zu verfügen. Das Individuum demonstriert, dass es bereit und in der Lage ist, den vereinbarten Normen und Verhaltenskodizes seiner Gruppe zu entsprechen. Dieser Nachweis verbessert seine sozialen Überlebenschancen."[173] In der neoliberalen Ideologie von stetiger Effizienzsteigerung und Selbstoptimierung wird nur der Schmerz geduldet, der zum Zweck der Selbstoptimierung ausgebeutet werden kann. Was nicht zur Leistungssteigerung beiträgt, wird nicht geduldet. Wer krank wird, Verwundbarkeit oder Schwäche zeigt, disqualifiziert sich in einer Gesellschaft, die versucht, jegliche Art von Schmerzen, Risiko, Angst und Dissonanz aus der Welt zu schaffen.

Krank sein oder gar alt werden, das geht gar nicht

Konkret führt diese Anschauung unter anderem dazu, dass immer mehr Menschen schon wegen Kleinigkeiten zu Antibiotika greifen. Das Vermeiden von Schmerzen, die Angst vor Verlust des Arbeitsplatzes oder auch der Selbstoptimierungswettbewerb bringt es mit sich, dass in Europa jährlich etwa 33.000 Menschen an sogenannten multiresistenten „Superkeimen" sterben. Diese „Superkeime" sind Bakterien, die mit den zur Verfügung stehenden Antibiotika kaum mehr behandelbar, also gegen sie resistent sind. Das zeigt sich an der Zahl der seit 2007 steigenden Todesfälle durch Antibiotikaresistenzen. Die Ursachen sind bekannt: Zu viele Menschen nehmen zu häufig Antibiotika ein, setzen diese zu früh ab oder nehmen diese überhaupt unnötigerweise ein. Nach Schätzungen der Weltgesundheitsorganisation handelt es sich bei der Hälfte aller Antibiotikarezepte um Fehlverschreibungen. Mit den effizienten Medikamenten werden heute nicht nur Krankheiten bei Tier und Mensch behandelt. Die Folge des maßlosen Konsums: Immer mehr Bakterien werden resistent gegen Antibiotika, und sie vermehren sich weiter. Der weltweite Antibiotikaverbrauch steigt weiter, allein von 2000 bis 2015 um rund 65 %, wie eine Studie erst kürzlich ermittelt hat.[174]

Den Körper als eine Maschine zu verstehen, die immer optimal funktionieren muss, birgt in einer globalisierten Welt weit über die Grenzen des eigenen Landes hinaus Gefahren. So könnte in kurzer Zeit der medizinische Fortschritt vernichtet werden oder sich sogar gegen uns wenden. Auch die Genetik verheißt, sie könnte die Menschheit von den „Kränkungen der Natur", dem Alter und Krankheiten, befreien. 2019 ließ der australische Biologe und Professor für Genetik David Sinclair mit der Aussage aufhorchen, dass das Alter zukünftig nicht nur aufhaltbar werden könnte, sondern dass wir das Altern als Krankheit sehen sollten. „Die Alterung ähnelt der

Anhäufung von Kratzern auf der Disc mit der Folge, dass die Information nicht mehr richtig gelesen werden kann. Zusammengefasst: Alterung ist ganz einfach ein Informationsverlust. (…) Ja, Altern ist eine Krankheit. Und wenn Regierungen weltweit dies endlich anerkennen würden, dann gäbe es Medikamente gegen das Altern auch auf Krankenschein."[175] Allerdings natürlich nur in Ländern, in denen es ein funktionierendes Gesundheitssystem gibt. In allen anderen würden die Leute weiterhin leiden, sehr wahrscheinlich noch mehr an Altersdiskriminierung als am Alter selbst.

Wie kann man sich einen Menschen ohne die Erfahrung von Schmerzen, Krankheiten, Vergänglichkeit und ohne den Tod vorstellen? „Die menschliche Person lässt sich nicht gänzlich dem Diktat der Positivität unterwerfen. Ohne Negativität verkümmert das Leben zum ‚toten Sein'. Gerade die Negativität erhält das Leben lebendig. Der Schmerz ist konstitutiv für die *Erfahrung*. Das Leben, das rein aus positiven Emotionen und Flow-Erlebnissen bestünde, ist kein menschliches."[176] Gerade darauf läuft die neoliberale Selbstoptimierung womöglich hinaus: einen optimierten, übermenschlichen Untertan zu schaffen. Sollten wir also gegenüber den technologischen und digitalen Verheißungen unserer Zeit misstrauischer sein? Stehen unsere Superhelden nicht exemplarisch für das, was wir als Menschen zukünftig zu sein erhoffen: unverwundbar, hocheffizient und vor allem brav?

Der optimierte Mensch

„Supermensch oder Untermensch? Phantasieventil für hilflose Unfähigkeit? Die Antwort des Menschen auf eine Maschinenwelt ist, eine Maschine zu werden? Glauben Sie, daß sich die Träume des modernen Laborexperten oder des Verwaltungschefs sehr von den Heldentaten Supermans unterscheiden? Hohe Tiere produzieren niedere Träume? Oder ist es genau umgekehrt?"
– Marshall McLuhan, *Die mechanische Braut*[177]

Vom Tier zum Mängelwesen

Hatten die ersten Aufklärer noch den Traum, den Menschen aus seinen mythologischen Hirngespinsten zu befreien und ihn von einem vernunftbegabten Untertan zu einem selbstbestimmten Bürger zu machen, so lautet der Imperativ der „digitalen Aufklärung": Alles muss gemessen und bewertet werden! Alles, das heißt: auch der Mensch. Doch sollten wir überhaupt noch vom „Menschen" reden? Hat er nicht längst bewiesen, dass er als „Mängelwesen" nicht dazu taugt, seine Gewalttätigkeit, Unvernunft und Zerstörungsbereitschaft im Zaum zu halten? **Hat der Humanismus mit seinem anachronistischen Bildungs- und**

==Erziehungsideal nicht augenscheinlich bei dem Versuch versagt, den Charakter des Menschen zu verbessern?==

In seiner Schrift „Was ist Aufklärung?" bewertet Kant „Faulheit" als einen Hauptgrund dafür, dass am Ende des 18. Jahrhunderts die Mehrheit der Menschen keinen Gebrauch von ihrer Gedanken- und Meinungsfreiheit machten: „Faulheit und Feigheit sind die Ursachen, warum ein so großer Teil der Menschen, nachdem sie die Natur längst von fremder Leitung frei gesprochen (naturaliter maiorennes), dennoch gerne zeitlebens unmündig bleiben; und warum es Anderen so leicht wird, sich zu deren Vormündern aufzuwerfen. Es ist so bequem, unmündig zu sein. Habe ich ein Buch, das für mich Verstand hat, einen Seelsorger, der für mich Gewissen hat, einen Arzt, der für mich die Diät beurteilt, usw., so brauche ich mich ja nicht selbst zu bemühen. Ich habe nicht nötig zu denken, wenn ich nur bezahlen kann; andere werden das verdrießliche Geschäft schon für mich übernehmen."[178] **Der Mensch ist zwar zur Vernunft begabt, das heißt aber nicht, dass er nicht erst lernen müsste, seinen Kopf einzusetzen. Vernunft ist eine Forderung, keine Tatsache. Bei Kant wird ihre Anwendung zu einer Pflicht gegen sich selbst.**

Was aber mit demjenigen tun, der sich dieser Pflicht nicht stellt? Ist es nicht besser, an einer neuen Art Mensch zu feilen, anstatt das alte, so oft fehlgeschlagene Projekt fortzuführen? Diese Frage wird von Transhumanisten bejaht. Sie wollen den Menschen abschaffen, indem sie einen neuen produzieren: „einen technisch aufgerüsteten Menschen, der dem alten in vielerlei Hinsicht haushoch überlegen ist. Er soll belastungsfähiger, gesünder und kraftvoller sein, er soll besser wahrnehmen und denken können."[179] Ist der transhumanistische Mensch der neue nietzscheanische Übermensch, das US-amerikanische Optimum, das sich erreichen lässt? Der deutsche Politikwissenschaftler und Utopieforscher Richard Saage sieht es kritisch: „Freilich darf man den Transhumanismus nicht unterschätzen, denn er imprägniert die gesellschaftlichen Strukturen mit seinen eigenen Inhalten und ermöglicht so, dass Menschen sich leichter dieser technischen Aufrüstung unterwerfen. Der Transhumanismus ist Teil unserer westlichen Zivilisation, mit ihrer ständigen Tendenz zu optimieren und Leistung zu steigern."[180]

Vom einstigen Helden zum Superhelden

Vom einstigen Helden führt der Weg technologischer Errungenschaften und menschlicher Erfahrungsgeschichte zu den Superhelden. In ihnen kommen noch die dominierenden moralischen Implikationen und Konnotationen zum Ausdruck. **Superman zeigt uns, was von der Moral übrig blieb. In der Idee des Superhelden spiegelt sich die alte Sehnsucht des Menschen nach dem Optimum, nach Unsterblichkeit, Unverletzlichkeit, nach Allmacht und danach, seinen eigenen technischen Maschinen zumindest kraftmäßig überlegen zu sein.** In einer Welt, in der Gebote und Verbote nicht mehr von einem Gott legitimiert werden, sondern von dem Pflichtgefühl im Inneren bestimmt sind. Superman besitzt in einer technokratischen, neoliberalen Gesellschaft die moralische Integrität, die der Mensch als Mängelwesen nicht aufzubringen vermag.

Den Menschen von außen zu verbessern, durch Bildung, Erziehung, Technik, Medizin und Sport, wurde als Kernaufgabe des Humanismus gesehen. Die Transhumanisten wollen noch ganz anderes. Sie wenden den Menschen von „innen" heraus optimieren, über die derzeit angeborenen menschlichen Fähigkeiten hinausgehen. Sie wollen den menschlichen Körper zum Beispiel durch Genmodifikation oder technische Implantate im Gehirn verändern. Beide Richtungen glauben, dass der evolutionäre Prozess der Darwin'schen Evolutionstheorie von zufälligen Faktoren abhängig ist. Der Unterschied zwischen ihnen ist, dass die Transhumanisten die biologische Evolution in die eigene Hand nehmen und beschleunigen möchten.. Zweifellos hat der Transhumanismus einiges mit dem Humanismus gemein. Beide setzen auf Vernunft und Wissenschaft, träumen von Fortschritt und einem "besseren" Leben für die Menschheit. Sie unterscheiden sich allerdings in den Mitteln, wie sie diese Ziele erreichen möchten.

Schon jetzt lassen die aktuellen medizinischen Möglichkeiten und Verfahren eine begrenzte Selbstoptimierung im Mutterleib zu. Transhumanistische Szenarien gehen noch weiter und propagieren nicht nur den Einsatz von „Hirnschrittmachern"[181], sondern auch das Mind Uploading, also die Auslagerung unserer Gehirninhalte auf digitale Festplatten. Damit sollen aber weniger Superhelden als vielmehr hocheffiziente Menschen geschaffen werden. Auf die Frage, ob dieser mit der Technik verschmolzene Posthumane überhaupt noch ein Mensch ist, antwortet der deutsche Philosoph und Transhumanist Stefan Lorenz Sorgner: „Was sich auflöst, ist erst einmal das christlich-kantische Menschenbild, das noch immer vorherrscht. (…) Die Förderung menschlicher Eigenschaften mithilfe von Biotechnologien ist wünschenswert, denn mit verbesserten Fähigkeiten geht auch ein glücklicheres Leben einher. Was ein gutes Leben ist, ist eine höchst individuelle Vorstellung, weshalb jeder für sich entscheiden muss, welche Enhancement-Technologien er anwenden will."[182]

Im Angesicht von alltäglicher menschlicher Gewalt, Krankheit und Tod scheint die Aussicht auf transhumanistische

Verbesserung verlockend. Nach Sorgner kann jeder entscheiden, welche „Optimierungsmaßnahme" er anwenden will. Das klingt zu gut, um mehr als eine Utopie zu sein. Was, wenn man es sich schlicht nicht leisten kann? Was passiert mit denen, die sich nicht „enhancen" lassen? Werden die zu einer Bedrohung für die verbesserten Menschen? Muss die Gesellschaft nicht alle ihre Mitglieder dazu zwingen, Optimierungsmaßnahmen zu ergreifen? Zum einen, damit sie im internationalen Wettbewerb mithalten kann, zum anderen, um die soziale Sicherheit zu gewährleisten? Auch könnten die „mangelhaften" Exemplare ungewünschte Kosten verursachen – wer soll diese zahlen? Wie rechtfertigt man dann noch, ein Kind ohne Enhancement, also mit negativen Eigenschaften, auf die Welt zu bringen, wenn es nach transhumanistischer Sicht „die größte Wahrscheinlichkeit auf ein gutes Leben hat", wenn es per In-Vitro-Fertilisation ausgewählt wurde?

Fragen, an denen man sich nicht so einfach vorbeischummeln kann. Es ist wesentlich schwerer, als uns Transhumanisten und Posthumanisten weismachen wollen, die positiven von den negativen menschlichen Eigenschaften zu unterscheiden. Beide können nicht unabhängig voneinander gedacht werden. Der US-Politologe Francis Fukuyama schreibt in seinem Essay „Transhumanism – the world's most dangerous idea": „Wenn wir nicht gewalttätig und aggressiv wären, könnten wir uns nicht verteidigen; wenn wir keine Gefühle der Exklusivität hätten, würden wir den Menschen in unserer Nähe gegenüber nicht loyal sein. Wenn wir niemals eifersüchtig wären, würden wir auch niemals Liebe empfinden. Sogar unsere Sterblichkeit spielt eine entscheidende Rolle für das Überleben und die Anpassung unserer Spezies als Ganzes (und Transhumanisten sind so gut wie die

letzte Gruppe, die ich für immer am Leben sehen möchte)."[183]
Als negativ titulierte Eigenschaften zu verändern, vielleicht sogar auszulöschen, verändert das Gesamte, ohne dass wir einschätzen könnten, was die Folgen davon sind.

Das führt über kurz oder lang zu der Frage, ob Technologie und Medizin den Menschen so verändern könnte, dass er irgendwann nicht mehr menschlich ist? Noch können wir uns davor drücken, aber irgendwann werden wir höchstwahrscheinlich mit der Entscheidung konfrontiert werden: ob wir alles am Menschen technisch manipulieren wollen und damit auch seine Zukunft in eine bestimmte Richtung bestimmen wollen, oder ob wir – zumindest punktuell – Grenzen ziehen und diese als rote Linie konsensuell und völkerrechtlich absichern wollen. Aber was sollte uns davor abhalten, mit „genetischen Bulldozern und psychotropen Einkaufszentren" Menschen zu gesünderen, intelligenteren und glücklicheren Menschen zu machen?[184]

Es ist gefährlich, die wenigen Freiheiten, die uns bleiben, für das bisschen Mehr an Sicherheit aufzugeben, das noch möglich ist. Die Freiheit des Humanismus liegt in seinem ambivalenten Menschenbild: Der Mensch kann sich in eine positive oder in eine negative Richtung entwickeln. „Deshalb kommt es darauf an, dass man eine Gesellschaft konstruiert, in der starke Institutionen die positiven Seiten der menschlichen Natur fördern und die negativen Seiten eher unterdrücken. Das Menschenbild der Transhumanisten hingegen hat eine außergewöhnlich hybride Stoßrichtung, die stark eskapistische Züge annimmt und daher von vielen Leuten nicht ernstgenommen wird. Ihr Eskapismus zeigt sich etwa darin, dass sie die empirischen Ergebnisse der Forschung – etwa im Bereich der Gehirnforschung – übertreiben und auf die von ihnen gewünschte Richtung schließen."[185]

Die Stoßrichtung des Transhumanismus zu kritisieren heißt aber nicht, generell menschlichen Fortschritt zu kritisieren. Jede neue technische Errungenschaft kann als Bedrohung und als positiver Fortschritt für das Wohl der Menschheit wirken, aber nur, wenn ihre moralische Integrität vorab gesichert ist. An der Geschichte von Spiderman alias Peter Parker lässt sich dies gut zeigen. Peter Parker mutiert durch einen zufälligen Biss zum „Spinnenmann", während Norman Osborn alias „Grüner Kobold" im absichtlichen Selbstversuch genmanipulierte Stoffe in seinen Körper einflößt: „In den Verwandlungen mit unterschiedlichem Ausgang – Peter wird zum Retter der Menschheit, Osborn zur Bedrohung – ist auch eine moralische Metapher für die Anwendung der Genforschung enthalten. Nur Menschen, die von Vornherein ein intaktes moralisches Wertesystem besitzen, werden verantwortungsvoll mit neuen bio-technischen Möglichkeiten umgehen können."[186]

Superman und seine Konsorten sollten uns eine Warnung sein. Vielleicht müssen wir unserer conditio humana, also den Umständen des Menschseins, ins Auge sehen. Was, wenn wir uns dazu entschließen, menschliche Eigenschaften wie Verletzlichkeit, Sterblichkeit und Empfindsamkeit nicht mehr als Schwäche zu sehen? „(…) ‚Superman' ist nicht nur eine Erzählung über tatsächliche oder eingebildete Eroberungen und Errungenschaften des technologischen Zeitalters; es ist für den technologisierten Menschen auch das Drama seines eigenen psychischen Scheiterns."[187] **Im Alltag ist Superman nur Jedermann, der aus den Innovationen und Krisen wie der Digitalisierung und der Klimakrise eine neue Art des „Menschseins" ablesen muss, vielleicht sogar eine jenseits des Anthropozentrismus vergangener Jahrhunderte.**

VERNUNFT: EINE SUPERKRAFT GEGEN FAKE NEWS?

Auch eigene Meinungen sollten immer wieder hinterfragt und untersucht werden. Warum? Weil sich möglicherweise gravierende Irrtümer eingeschlichen haben. Ziel der Logik ist es seit jeher, bestmögliche Bedingungen des Nachdenkens[188] ohne Widersprüche und Fehlschlüsse zu schaffen

Vier gängige Irrtümer, die jeder kennen sollte:

1. Argumentum ad verecundiam („Autoritätsargument"): Man rechtfertigt seine Meinung durch den Verweis auf eine Autorität, z. B. einen Experten oder eine öffentlich angesehene Person, vernachlässigt dabei jedoch die Tatsache, dass verschiedene Autoritäten unterschiedlicher Meinung sein können. (X behauptet p. X ist eine Autorität. Folglich ist p wahr.) Beispiel: Der Papst behauptet, Homosexualität ist eine Sünde. Folglich ist Homosexualität eine Sünde.

2. Argumentum ad personam („persönliche Beleidigung"): Wenn man merkt, dass der Gegner überlegen ist und man unrecht behalten wird, so bietet die Beleidigung des Gegners einen Ausweg. Beliebte Vorgehensweise, da sie leicht von jedem angewandt werden kann. (X behauptet, dass p. X wird von Y als dumm/unfähig/korrupt/hysterisch bezeichnet. Folglich ist p abzulehnen.) Beispiel: Journalistin Megyn Kelly behauptet anhand von Beispielen, dass Trump sexistische Aussagen getätigt hat.[189] Trump sagt, dass Kelly einen schlechten Job macht und überschätzt wird. Deshalb ist ihre Kritik an ihm falsch.

3. Tu quoque („du auch"): Ein Fehler bleibt ein Fehler, wer auch immer und wie viele ihn begehen. (X wirft Y den Fehler A vor. Y entgegnet, X habe den Fehler A auch schon

begangen.) Beispiel: Der Vater sagt zum pubertierenden Sohn: „Du solltest weniger Alkohol trinken." Der Sohn erwidert: „Du trinkst doch selbst täglich ein paar Bier und solltest bei dem Thema lieber die Klappe halten!"

4. Argumentum ad populum („Volksmund"): Die Wahrheit einer Aussage hängt nicht davon ab, wie viele Menschen diese Aussage für wahr halten. (Die meisten X glauben, dass p gilt. Folglich gilt p.) Beispiel: Populisten meinen, dass sie, indem sie für die „Mehrheitsbevölkerung" sprechen, die richtigen Anliegen vertreten. Doch etwas ist keineswegs wahr, nur weil es der Meinung der Mehrheit der relevanten Personen (öffentliche Meinung) entspricht.

Wie wollen wir zukünftig den Menschen sehen: als Zweck im Sinne Kants? Also als Wesen, das sein Handeln, nicht aber seine Existenzberechtigung hinterfragen muss? Oder wollen wir ihn als bloßes Mittel zur Optimierung der Gattung? Es gibt nämlich einen großen Unterschied zwischen einer Entwicklung durch lernen, denken oder auch „Üben, üben, Üben" und der perfektionistischen Optimierung durch Technik. Letztere kann uns in vielen Bereichen das Leben erleichtern, müsste aber letzten Endes das Mängelwesen Mensch abschaffen versuchen. Gibt es dazu eine Alternative?

Die Philosophie und die Vernunft bieten dafür Werkzeuge an. Sie könnten uns helfen, mit Begriffen und Ideen „unsere" Welt verstehen zu lernen. Ob wir dann durch ständige geistige und physische Übungen das Chaos, das der Mensch ist, in den Griff bekommen, bleibt uns selbst überlassen. Zu einem aber ermahnt uns die Vernunft immer, nämlich all jene sofort und dauerhaft mit Misstrauen zu strafen, die glauben, die Frage „Was ist der Mensch?" ein für allemal beantworten zu können.

©Harald Eisenberger

Lisz Hirn, Jahrgang 1984, studierte Philosophie und Gesang in Graz, Paris, Wien und Kathmandu. Sie arbeitet als Publizistin und Philosophin in derJugend- und Erwachsenenbildung, u. a. am Universitätslehrgang „Philosophische Praxis" der Universität Wien unter der Leitung von Konrad Paul Liessmann. Sie ist Obfrau des Vereins für praxisnahe Philosophie und im Vorstand der Gesellschaft für angewandte Philosophie (gap). Auftritte im TV: SRF, ORF. Artikel in diversen Medien, unter anderem in „Die Presse", „Wiener Zeitung" und „Der Standard".

DANK

Hans Ulrich Gumbrecht, Elisabeth Katzensteiner, Konrad Paul Liessmann, Sineb El Masrar, Philippe Narval, Ivan Pantelić, Markus Reisner, Elisabeth Stein-Hölzl, Ulli Steinwender, Sabine Eichinger, Peter Eichinger, Maximilian, Noah, Jakob, Simon, Oscar, Theo und vor allen anderen Nikolai Friedrich.

ANHANG

LITERATUR

Theodor W. Adorno; Max Horkheimer: *Dialektik der Aufklärung. Philosophische Fragmente*. Berlin, Fischer, 1998.

Günther Anders: *Die Antiquiertheit des Menschen Band 1 – Über unsere Seele im Zeitalter der zweiten industriellen Revolution*. München, C.H. Beck, 2002.

Aristoteles: *Nikomachische Ethik*. Reinbek, Rowohlt, 2006.

Elisabeth Badinter: *Der Konflikt: Die Frau und die Mutter*. München, C.H. Beck, 2010.

Elisabeth Badinter: *XY – Die Identität des Mannes*. München/ Zürich, Piper, 1993.

Simone de Beauvoir: *Das andere Geschlecht. Sitte und Sexus der Frau*. Hamburg, Rowohlt, 1992.

Joseph Campbell: *The Power of Myth*. New York, Doubleday, 1988.

Carl von Clausewitz: *Vom Kriege*. Köln, Anaconda, 2018.

Lukas Etter; Thomas Nehrlich; Joanna Nowotny (Hrsg.): *Reader Superhelden. Theorie.– Geschichte – Medien*. Bielefeld, transcript, 2018.

Manfred Jens Foerster: *Hitler und Speer. Gesichter totalitärer Herrschaft.* Hamburg, disserta Verlag, 2016.

Michel Foucault: *Analytik der Macht.* Frankfurt/Main, Suhrkamp, 2005.

Sigmund Freud: *Studienausgabe*, Band V *Sexualleben.* Frankfurt/Main, S. Fischer, [4]1972.

Hans Ulrich Gumbrecht: *Brüchige Gegenwart. Reflexionen und Reaktionen.* Stuttgart, Reclam, 2019.

Byung-Chul Han: *Die Austreibung des Anderen: Gesellschaft, Wahrnehmung und Kommunikation heute.* Frankfurt/Main, S. Fischer, 2016.

Byung-Chul Han: *Psychopolitik. Neoliberalismus und die neuen Machttechniken.* Frankfurt/Main, S. Fischer, [4]2014.

Jörg Hardy; Christoph Schamberger: *Logik der Philosophie.* Göttingen, Vandenhoeck & Ruprecht, [2]2018.

Kathrin Hartmann: *Die grüne Lüge – Weltrettung als profitables Geschäftsmodell.* München, Blessing, 2018.

Jochen Hörisch: *Eine Geschichte der Medien*, Frankfurt/Main, Suhrkamp, 2004.

Samuel Huntington: *The Clash of Civilizations and the Remaking of the World Order.* New York, Simon & Schuster, 1996.

Sören Kierkegaard: Der *Begriff Angst./Die Krankheit zum Tode*. Wiesbaden, Marix, 2005.

Emmanuel Levinas: *Philosophie, Gerechtigkeit und Liebe*. Ein Gespräch. In: Concordia (Internationale Zeitschrift für Philosophie) 4, 1982, 48–62.

Konrad Paul Liessmann (Hrsg.): *Philosophicum Lech: Neue Menschen! Bilden, optimieren, perfektionieren*. Wien, Zsolnay, 2016.

Heinrich Mann: *Der Untertan*. München, Deutscher Taschenbuchverlag, [29]1986.

Sineb El Masrar: *Muslim Men. Wer sie sind, was sie wollen*. Freiburg/Breisgau, Herder, 2018.

Friedrich Nietzsche: *Also sprach Zarathustra. Ein Buch für Alle und Keinen*. Stuttgart, Reclam, 1994.

Markus Reisner: *Robotic wars*. Legitimatorische Grundlagen und Grenzen des Einsatzes von Military Unmanned Systems in modernen Konfliktszenarien. Berlin-Spandau, Miles, 2018.

Peter Singer: *Linke, hört die Signale! Vorschläge zu einem notwendigen Umdenken*. Stuttgart, Reclam, 2018.

Peter Singer: *Praktische Ethik*. Stuttgart, Reclam, [2]1994.

Peter Sloterdijk: *Du musst dein Leben ändern. Über Anthropotechnik.* Frankfurt/Main, Suhrkamp, [4]2012.

Josef Steiff; Adam Barkman (Hrsg.): *Manga and Philosophy: Fullmetal Metaphysician.* Chicago, Open Court, 2010.

Klaus Theweleit: *Männerphantasien.* Berlin, Matthes & Seitz, 2019.

Esther Vilar: *Der dressierte Mann. Das polygame Geschlecht. Das Ende der Dressur.* München, Deutscher Taschenbuchverlag, 1987.

LINKS

„Männlichkeit und Kr eg" – Dokumentation einer Fachtagung des Forum Männer in Theorie und Praxis der Geschlechterverhältnisse und der Heinrich-Böll-Stiftung: *http://www.gwi-boell.de/sites/default/files/uploads/2014/04/maennlichkeit_krieg_nr.10.pdf*

„Soldatinnen – Lückenbüßer der Nation": *https://www.spiegel.de/spiegel/print/d-13507813.html*

„Einer nur ist Herr": *https://www.zeit.de/2018/48/der-untertan-heinrich-mann-diederich-hessling-lebensgeschichte-kaiserreich/komplettansicht*

„Comics im Zweiten Weltkrieg – Nimm das, Hitler!": *https://www.srf.ch/kultur/film-serien/comics-im-zweiten-weltkrieg-nimm-das-hitler*

„Super Mann, der Superman!": *https://www.srf.ch/kultur/literatur/80-jahre-superman-super-mann-der-superman*

„Forschung: Wer produziert, schreibt und führt Regie? Das Geschlechterverhältnis in der Film- und Fernsehindustrie": *https://www.br-online.de/jugend/izi/deutsch/publikation/televizion/30_2017_2/Goetz_Mlapa-Wer_produziert_schreibt_und_Regie.pdf*

"Turkey's president says all he wants is same powers as Hitler": *https://www.telegraph.co.uk/news/worldnews/europe/turkey/12077703/Turkeys-president-says-all-he-wants-is-same-powers-as-Hitler.html*

Erdoğan bei Trump: „Ich bin ein großer Fan": *https://orf.at/stories/3144165/*

„Donald Trump: Macht und Sex": *https://www.zeit.de/2018/43/donald-trump-sexismus-moral-brett-kavanaugh/komplettansicht*

Kanye West's Oval Office rant with Trump: *https://www.dailymail.co.uk/news/article-6265299/Trump-says-campaigning-Kanye-rapper-visits-White-House.html, abgerufen am 24.11.2019*

„Männlichkeit :O Mann!": *https://www.zeit.de/2016/05/maennlichkeit-maenner-beschuetzer-gender-gleichberechtigung*

„Das geschwächte Geschlecht: Wann ist ein Mann ein Mann?": *https://www.derstandard.at/story/2000051640972/das-geschwaechte-geschlecht-wann-ist-ein-mann-ein-mann*

„Das zeitlose Ideal katholischer Männlichkeit": *https://www.thecathwalk.de/2018/06/02/das-zeit-lose-ideal-katholischer-maennlichkeit*

„Wir brauchen einen Feminismus für Männer": *https://www.tagesspiegel.de/politik/maennliches-selbstbild-in-der-krise-wir-brauchen-einen-feminismus-fuer-maenner/20483596-all.html?print=true*

Genderforscherin: „Männlichkeit ist erklärungsbedürftig": *https://www.augsburger-allgemeine.de/wissenschaft/Genderforscherin-Maennlichkeit-ist-erklaerungsbeduerftig-id56009346.html*

AfD: „Partei der radikalisierten Mitte": *https://www.zeit.de/politik/deutschland/2016-03/afd-analyse-erfolg-landtagswahlen-partei-waehler*

„Wer von einem ‚Beziehungsdrama' spricht, verschleiert das wahre Problem": *https://www.tagesspiegel.de/politik/nach-den-morden-in-kitzbuehel-wer-von-einem-beziehungsdrama-spricht-verschleiert-das-wahre-problem/25092102.html*

Deutsches Bundesministerium für Familie, Senioren, Frauen und Jugend: „Gewalt gegen Frauen in Paarbeziehungen": *https://www.bmfsfj.de/blob/93970/957833aefeaf612d9806caf1d147416b/gewalt-paarbeziehungen-data.pdf*

Österreichische Frauenberatung: „Sexuelle Gewalt": *http://www.frauenberatung.at/index.php/sexuelle-gewalt/fakten-zahlen*

„Was der Staat bei Gewalt gegen Frauen übersieht": *https://www.derstandard.at/story/2000111405118/was-der-staat-bei-gewalt-gegen-frauen-uebersieht*

Übereinkommen des Europarats zur Verhütung und Bekämpfung von Gewalt gegen Frauen und häusliche Gewalt: *https://rm.coe.int/CoERMPublicCommonSearchServices/DisplayDCTMContent?documentId=0900001680462535*

„Landesrechnungshof mahnt kräftigen Ausbau bei Frauenhäusern ein": *https://www.derstandard.at/story/2000110661047/landesrechnungshofmahnt-kraeftigen-ausbau-bei-frauenhaeusern-ein*

„Jordan Peterson, Custodian of the Patriarchy": *https://www.nytimes.com/2018/05/18/style/jordan-peterson-12-rules-for-life.html*

„Frauen schlagen" – Kritik an islamischer Gemeinde: *https://religion.orf.at/stories/2989484*

„Toronto van attack suspect says he was ‚radicalized' online by ‚incels'": *https://www.theguardian.com/world/2019/sep/27/alek-minassian-toronto-van-attack-interview-incels*

„Incels: Recht auf Sex als radikale Ideologie": *https://www.derstandard.at/story/2000092615853/*

incels-recht-auf-sex-als-radikale-ideologie

Laura Wiesböck: „Die männliche Norm": *https://cms.falter.at/blogs/thinktank/2019/11/04/die-maennliche-norm*

Genderklischees: „Buben lernen nicht, dass Frauen ihnen Vorbilder sein können": *https://www.derstandard.at/story/2000111053393/genderklischees-jungs-lernen-nicht-dass-frauen-ihnen-vorbilder-sein-koennen*

Christian Pfeiffer: „Dominanz der Männer gefährdet das Überleben der Menschheit": *https://m.faz.net/aktuell/gesellschaft/kriminalitaet/kriminologe-christian-pfeiffer-ueber-maennliche-dominanz-16466494.amp.html?GEPC=s2&__twitter_impression=true*

Klaus Theweleit: „Die Angst vor der Körperauflösung": *https://www.deutschlandfunkkultur.de/klaus-theweleit-ueber-maennerphantasien-die-angst-vor-der.1008.de.print?dram:article_id=462394*

„Der weinende Mann ist das neue Ideal": *https://www.nzz.ch/feuilleton/wer-hat-noch-den-mut-tapfer-zu-sein-ld.1352074*

„Reden über Terror: Unmännliche Feigheit": *https://www.derstandard.at/story/2000110270920/reden-ueber-terror-unmaennliche-feigheit*

Globaler Terrorismus-Index: Terroropfer-Zahl sinkt weiter: *https://www.apa.at/Site/News.de.html?id=6351778094*

„Soll denn nun auch alles Erotische entzaubert werden?": *https://www.nzz.ch/feuilleton/slavoj-zizek-feministinnen-rauben-dem-weiblichen-koerper-den-reiz-ld.1462142*

„Are Women's Orgasms Hindered by Phallocentric Imperatives?": *https://link.springer.com/article/10.1007/s10508-018-1149-z*

Wiener Interventionsstelle gegen Gewalt in der Familie: *https://www.interventionsstelle-wien.at/publikationen-statistiken*

„Frauenprojekten in Österreich wird massiv das Budget gekürzt": *https://www.derstandard.at/story/2000084071322/frauenprojekte-in-oesterreich-von-massiven-budgetkuerzungen-betroffen*

„Denkarbeit für Gleichberechtigung ist bedroht": *https://www.derstandard.at/story/2000084064741/politologin-die-denkarbeit-fuer-gleichberechtigung-ist-bedroht*

Niels Gottschalk-Mazouz, Univ. Stuttgart: Artikel „Risiko". In: Handbuch Ethik. Hg. v. Marcus Düwell, Christoph Hübenthal und Micha H. Werner. Metzler-Verlag, 2002: *https://www.phil.uni-bayreuth.de/en/team/gottschalk-mazouz/files/ngm-risiko_lex-V3-2011.pdf*

„Risiko" oder „Gefahr"? Experten trennen nicht einheitlich: *https://www.bfr.bund.de/de/presseinformation/2010/04/_risiko__oder__gefahr___experten_trennen_nicht_einheitlich-48560.html*

„Märchen von einem, der auszog, das Fürchten zu lernen": *https://de.wikisource.org/wiki/Märchen_von_einem,_der_auszog,_das_Fürchten_zu_lernen*

„Sterben müssen nur die anderen": *https://science.orf.at/stories/2993731*

Umfrage: „Tagesablauf soll immer gleich sein": *https://oesterreich.orf.at/stories/3015722/*

Paul Lafargue: „Das Recht auf Faulheit": *https://de.wikisource.org/wiki/Das_Recht_auf_Faulheit*

„Wie viel Faulheit braucht der Mensch?": *https://www.diepresse.com/5290518/wie-viel-faulheit-braucht-der-mensch*

Friedrich Nietzsche: Menschliches, Allzumenschliches: *http://www.zeno.org/Philosophie/M/Nietzsche,+Friedrich/Menschliches,+Allzumenschliches/Erster+Band/Fünftes+Hauptstück.+Anzeichen+höherer+und+niederer+Kultur/285.+Die+moderne+Unruhe*

„Vergiss die Peitsche nicht!": *https://www.nzz.ch/wer-steckt-hinter-dem-rat-in-nietzsches-zarathustra-beim-gang-zu-frauen-die-peitsche-nicht-zu-vergessen-1.18079205*

„Österreichs Lehrlinge und ihre Sehnsucht nach dem starken Mann": *https://www.derstandard.at/story/2000051259110/warum-sich-lehrlinge-nach-dem-starken-mann-sehnen*

„Erziehung: Mama, die Macho-Macherin": *https://www.zeit.de/2016/03/erziehung-maennlichkeit-islam-mutter-macho*

„Klaus Theweleit im Gespräch: Der Feminist": *https://www.faz.net/aktuell/feuilleton/buecher/autoren/klaus-theweleit-im-gespraech-ueber-werk-und-leben-16396720-p2.html*

„Jordan Peterson: Mythos Tabubrecher": *https://www.zeit.de/kultur/2018-08/jordan-peterson-kanada-professor-politische-korrektheit-feminismus-geschlechteridentitaet/komplettansicht?print*

„Werde ein Mann – dann klappt's auch mit den Frauen": *https://www.thecathwalk.de/2019/07/11/werde-ein-mann-dann-klappts-auch-mit-den-frauen/*

„Not one single country set to achieve gender equality by 2030": *https://www.theguardian.com/global-development/2019/jun/03/not-one-single-country-set-to-achieve-gender-equality-by-2030?CMP=Share_AndroidApp_Tweet*

Jean-Jacques Rousseau: „Emil oder Über die Erziehung": *https://gutenberg.spiegel.de/buch/emil-oder-ueber-die-erziehung-erster-band-3811/1*

„Kein Widerspruch: Armut und Klimawandel bekämpfen": *https://science.orf.at/stories/2994593/*

Nature Energy: „Energy requirements for decent living in India, Brazil and South Africa": *https://www.nature.com/articles/s41560-019-0497-9*

„Klimakrise heizt laut Studie Konflikte weiter an": *https://orf.at/stories/3141823/*

Österreichischer Klimaschutzbericht 2018: *https://www.umweltbundesamt.at/fileadmin/site/publikationen/REP0660.pdf*

„Klimapolitik – die neue Arena des Kulturkampfs": *https://www.derstandard.at/story/2000108336530/klimapolitik-die-neue-arena-des-kulturkampfs*

Fridays for Future: „Es bleibt die Tatsache, dass sie dafür die Schule schwänzen": *https://www.zeit.de/politik/deutschland/2019-03/schuelerstreik-kritik-annegret-kramp-karrenbauer-fridays-for-future*

Klimaaktivistin Greta Thunberg: „Ich will, dass ihr in Panik geratet": *https://www.handelsblatt.com/politik/international/davos2019/klimaaktivistin-greta-thunberg-ich-will-dass-ihr-in-panik-geratet/23909918.html*

„Klimaschutz – zwischen Apokalypse und Gelassenheit": *https://www.derstandard.at/story/2000108330015/klimaschutz-zwischen-apokalypse-und-gelassenheit*

Naomi Klein: „We Are Seeing the Beginnings of the Era of Climate Barbarism": *https://www.thenation.com/article/climate-change-naomi-klein*

Welthunger-Index 2019: *https://www.welthungerhilfe.de/presse/pressemitteilungen/2019/welthunger-index-klimawandel-verstaerkt-hunger*

Studie: „Industrieländer sind die Gewinner der Globalisierung": *https://www.bertelsmann-stiftung.de/de/themen/aktuelle-meldungen/2018/juni/industrielaender-sind-die-gewinner-der-globalisierung*

Studie: „Globalisierungsangst oder Wertekonflikt?": *https://www.bertelsmann-stiftung.de/fileadmin/files/user_upload/EZ_eupinions_Fear_Studie_2016_DT.pdf*

„Trump has no fear: ,Makes Nixon look like a cream puff'": *https://www.politico.eu/article/donald-trump-has-no-fear-makes-nixon-lock-like-a-cream-puff/*

„Der musealisierte Nationalstaat": *https://www.wienerzeitung.at/nachrichten/reflexionen/vermessun-gen/* 940508-Der-musealisierte-Nationa.staat.html?em_cnt_page=2

„Angst – ein Gefühl mit Nebenwirkungen": *https://www.zeit.de/zeit-wissen/2009/05/Dossier-7-Fragen/seite-2*

Immanuel Kant: „Über Pädagogik": *http://www2.ibw.uni-heidelberg.de/~gerstner/V-Kant_Ueber_Paedagogik.pdf*

Harald Lemke, Ästhetik des guten Geschmacks. Vorstudien zu einer Gastrosophie (überarbeitete Version); erschienen in: R. Behrens, K. Kresse, R. Peplow (Hrsg.), Symbolisches Flanieren. Kulturphilosophische Streifzüge, Hannover 2001, S. 268–284.: *http://www.haraldlemke.de/texte/Lemke_Vorstudie.pdf*

„Internetsucht und Hassliebe zu sozialen Medien: Fomo ist voll Pomo": *https://jungle.world/artikel/2018/32/fomo-ist-voll-pomo*

„Wo die Liebe hinklickt": *https://datum.at/wo-die-liebe-hinklickt*

„Algorithmus des Onlinedating: Ausgerechnet die Liebe": *https://www.zeit.de/2015/07/algorithmus-online-dating-liebesformel-hugo-schmale*

„Why have young people in Japan stopped having sex?": *https://www.theguardian.com/world/2013/oct/20/young-people-japan-stopped-having-sex*

Smartphones: „Wir streicheln quasi unsere Herrscher": *https://kurier.at/thema/smartphones-wir-streicheln-quasi-unsere-herrscher/400518655*

„Sichere Spielplätze hemmen die Entwicklung": *https://orf.at/v2/stories/2069483/2069484*

„Man sollte nie etwas für unmöglich halten": *https://www.blick.ch/news/politik/interview-mit-dem-deutschen-philosophen-peter-sloterdijk-man-sollte-nie-etwas-fuer-unmoeglich-halten-id6391441.html*

Sloterdijk zu Pfingsten: „Bedrohungen überschätzt": *https://religion.orf.at/stories/2986029*

Studie: „Menschen aus wohlhabenden Ländern vertrauen Impfungen am wenigsten": *https://www.derstandard.at/story/2000105111220/studie-menschen-aus-wohlhabenden-laendern-vertrauen-impfungen-am-wenigsten*

UNICEF: „Sinnhaftigkeit von Impfungen steht außer Diskussion": *https://www.derstandard.at/story/2000101914448/unicefsinnhaftigkeit-von-impfungen-steht-ausser-diskussion*

SINNESWANDEL: „Donald Trump ruft nun zu Masern-Impfung auf": *https://www.derstandard.at/story/2000102133242/trump-ruft-zu-masern-impfung-auf*

„EU-Kommission besorgt wegen unzureichender Masern-Impfrate": *https://www.derstandard.at/story/2000102529470/eu-kommission-besorgt-wegen-unzureichender-masern-impfrate*

„Welt unzureichend auf Epidemien vorbereitet": *https://science.orf.at/m/stories/2991583*

„Schon kleinste Mengen machen resistent": *https://science.orf.at/m/stories/2908753*

„Masern legen Klagenfurter Busverkehr lahm": *https://www.diepresse.com/5610281/masern-legen-klagenfurter-busverkehr-lahm*

Statistik Austria: „Todesursachen": *http://www.statistik.at/web_de/statistiken/gesundheit/todesursachen/todesursachen_im_ueberblick/*

„The Philosophical Origins of Patriarchy": *https://www.thenation.com/article/patriarchy-sexism-philosophy-reproductive-rights*

„Das Rechenspiel mit dem Frauenwahlrecht": *https://orf.at/stories/3099997/*

„Intimitäten, die man ausstellt, sind keine mehr": *https://www.srf.ch/kultur/gesellschaft-religion/wochenende-gesellschaft/was-ist-heute-schon-intim-intimitaeten-die-man-ausstellt-sind-keine-mehr*

Muskeldysmorphie: „Die geheimen Leiden starker Männer": *https://www.aerzteblatt.de/archiv/68032/Muskeldysmorphie-Die-geheimen-Leiden-starker-Maenner*

„Jeder Vierte im Alter von 45 hat Erektionsprobleme": *https://tvnews.ch/ch-news/jeder-vierte-im-alter-von-45-hat-erektionsprobleme*

Altersforschung: „Der Streit um das ewige Leben": *https://kurier.at/leben/altersforschung-der-streit-um-das-ewige-leben/400645187*

Anni Peller: „No Pain No Gain. Zur Verbesserung sozialer Chancen durch das Ertragen von Schmerz": *http://www.arbore.de/Literaturen/Peller_NoPainNoGain.pdf*

Eva Illouz: „Dass die Armen glücklich sind, ist ein herziger Mythos": *https://www.derstandard.at/story/2000110278859/eva-illouz-dass-die-armen-gluecklich-sind-ist-ein-herziger*

„Faschismus und Männlichkeit: Die weiße Scharia": *https://www.faz.net/aktuell/feuilleton/debatten/die-weisse-scharia-faschismus-und-maennlichkeit-15365778.html*

Esther Suzanne Pabst: „Die Erfindung der weiblichen Tugend. Kulturelle Sinnstiftung und Selbstreflexion im französischen Briefroman des 18. Jahrhunderts": *https://journals.openedition.org/trajectoires/138*

Bericht: „Unser Bundesheer 2030": *http://www.bundesheer.at/archiv/a2019/unserheer2030/pdf/zustandsbericht_unserheer2030.pdf*

„Unser Heer 2030" – Bericht liefert vernichtenden Befund: *https://orf.at/stories/3137499*

Minister Starlinger kritisiert „Totengräber" des Bundesheers: *https://orf.at/stories/3145296*

„Was der Krieg der Roboter für Österreichs Soldaten bedeutet": *https://www.derstandard.at/*

story/2000097583487/oberstleutnant-liebe-staatenlenker-ueberlegt-wo-wir-uns-hineinentwickeln

„662 Soldatinnen verstärken das österreichische Bundesheer": *https://www.parlament.gv.at/PAKT/PR/JAHR_2019/PK0390/index.shtml*

Schweiz: „Offiziere wollen 5000 zusätzliche Soldatinnen": *https://www.srf.ch/news/schweiz/mehr-frauen-in-uniform-offiziere-wollen-5000-zusaetzliche-soldatinnen*

Kontext: „Soldatinnen geschichtlich und weltweit": *https://www.bundeswehr.de/portal/a/bwde/start/streitkraefte/truppe/frauen*

„Norwegens Frauen müssen in die Kasernen einrücken": *https://www.diepresse.com/5062649/nor-wegens-frauen-mussen-in-die-kasernen-einrucken*

„Krieg der Mäuse": *https://datum.at/krieg-der-maeuse*

„Trump droht Türkei in abstrusem Tweet mit wirtschaftlicher Zerstörung": *https://www.tagesspiegel.de/politik/meine-grossartige-und-unvergleichliche-weisheit-trump-droht-tuerkei-in-abstrusem-tweet-mit-wirtschaftlicher-zerstoerung/25092598.html*

„Militär und Zivilgesellschaft: Es braucht echte Gespräche": *https://www.sueddeutsche.de/politik/soldaten-militaer-wehrpflicht-gesellschaft-1.4710940*

„Werden wir immer dümmer?": *https://www.derstandard.at/story/2000110708101/werden-wir-immer-duemmer*

„Zu viel Sport macht unvernünftig": *https://science.orf.at/m/stories/2992014*

Hirnforschung: „Kampfsportler spüren weniger Schmerzen": https://www.spiegel.de/wissen-schaft/mensch/hirnforschung-kampfsportler-spueren-weniger-schmerzen-a-721138.html

Immanuel Kant: „Von der Macht des Gemüts. Durch den bloßen Vorsatz seiner krankhaften Gefühle Meister zu sein": *http://www.gutenberg.org/files/38295/38295-h/38295-h.htm*

Francis Fukuyama: „Transhumanism – the world's most dangerous idea": *https://www.au.dk/fukuyama/boger/essay/*

Transhumanismus: „Hirnschrittmacher für alle!": *https://www.zeit.de/2013/20/transhumanismus-philosoph-stefan-lorenz-sorgner/komplettansicht?print*

„Der neue Mensch: Utopisch, transhuman oder inhuman?": *https://sciencev2.orf.at/stories/1726950/index.html*

„Transhumanism – Towards a Futurist Philosophy": *https://web.archive.org/web/20110216221306/http://www.maxmore.com/transhum.htm*

ANMERKUNGEN

1 Friedrich Nietzsche: *Also sprach Zarathustra. Ein Buch für Alle und Keinen.* Stuttgart, Reclam, 1994, S. 94.

2 Manfred J Foerster: *Hitler und Speer. Gesichter totalitärer Herrschaft.* Hamburg, disserta Verlag, 2016, S. 21.

3 Manfred J Foerster: *Hitler und Speer. Gesichter totalitärer Herrschaft.* Hamburg, disserta Verlag, 2016, S. 21.

4 Ebenda S. 266.

5 *https://www.telegraph.co.uk/news/worldnews/europe/turkey/12077703/Turkeys-president-says-all-he-wants-is-same-powers-as-Hitler.html*

6 *https://orf.at/stories/3144165/*

7 *https://twitter.com/realDonaldTrump/status/1181232249821388801?ref_src=twsrc%5Etfw*

8 *https://www.youtube.com/watch?v=qJbEmEIhseA*

9 *https://www.dailymail.co.uk/news/article-6265299/Trump-says-campaigning-Kanye-rapper-visits-White-House.html*

10 *https://www.srf.ch/kultur/film-serien/comics-im-zweiten-weltkrieg-nimm-das-hitler*

11 Elisabeth Badinter: *XY – Die Identität des Mannes.* München/Zürich, Piper, 1993, S. 161.

12 Änne Söll; Friedrich Weltzien: Spider-Mans Heldenmaske. Kampf um Männlichkeit im Superheldengenre. In: Lukas Etter; Thomas Nehrlich; Joanna Nowotny (Hrsg.): *Reader Superhelden. Theorie – Geschichte – Medien.* Bielefeld, transcript, 2018, S. 164.

13 Jephs Loeb, Tom Morris: Helden und Superhelden. In: Lukas Etter; Thomas Nehrlich; Joanna Nowotny (Hrsg.): *Reader Superhelden. Theorie – Geschichte – Medien.* Bielefeld, transcript, 2018, S. 111.

14 Peter Coogan, Die Definition des Superhelden. In: Lukas Etter; Thomas Nehrlich; Joanna Nowotny (Hrsg.): *Reader Superhelden. Theorie – Geschichte – Medien.* Bielefeld, transcript, 2018, S.86.

15 Joseph Campbell: *The Power of Myth.* New York, Doubleday, 1988, S. 55.

16 *https://www.br-online.de/jugend/izi/deutsch/publikation/televizion/30_2017_2/Goetz_Mlapa-Wer_produziert_schreibt_und_Regie.pdf*

17 *https://www.derstandard.at/story/2000110947271/maennliche-schweigekulturen-wie-viel-fiktion-vertraegt-die-wirklichkeit*

18 Fredric Wertham: Verführung der Unschuldigen. In: Lukas Etter; Thomas Nehrlich; Joanna Nowotny (Hrsg.): *Reader Superhelden. Theorie – Geschichte – Medien.* Bielefeld, transcript, 2018, S. 272.

19 William Moulton Marston: Warum 100.000.000 Amerikaner Comics lesen. In: Lukas Etter; Thomas Nehrlich; Joanna Nowotny (Hrsg.): *Reader Superhelden. Theorie – Geschichte – Medien.* Bielefeld, transcript, 2018, S. 260.

20 *https://www.srf.ch/kultur/literatur/80-jahre-superman-super-mann-der-superman*

21 Oswald Wiener: der kampf der superhelden. In: Lukas Etter; Thomas Nehrlich; Joanna Nowotny (Hrsg.): *Reader Superhelden. Theorie – Geschichte – Medien.* Bielefeld, transcript, 2018, S. 304.

22 Elisabeth Badinter: *XY – Die Identität des Mannes.* München/Zürich, Piper, 1993, S. 163.

23 *https://www.thecathwalk.de/2018/06/02/das-zeitlose-ideal-katholischer-maennlichkeit/*

24 *https://www.youtube.com/watch?v=Bm3nVTF90mw&t=33s*

25 *https://www.thecathwalk.de/2018/06/02/das-zeitlose-ideal-katholischer-maennlichkeit/*

26 *https://www.thecathwalk.de/2019/07/11/werde-ein-mann-dann-klappts-auch-mit-den-frauen/*

27 *https://www.tagesspiegel.de/politik/maennliches-selbstbild-in-der-krise-wir-brauchen-einen-feminismus-fuer-maenner/20483596-all.html?print=true*

28 Änne Söll; Friedrich Weltzien: Spider-Mans Heldenmaske. Kampf um Männlichkeit im Super-heldengenre. In: Lukas Etter; Thomas Nehrlich; Joanna Nowotny (Hrsg.): *Reader Superhelden. Theorie – Geschichte – Medien.* Bielefeld, transcript, 2018, S. 162ff.

29 Ebenda S. 163.

30 *https://www.zeit.de/politik/deutschland/2016-03/afd-analyse-erfolg-landtagswahlen-partei-waehler*

31 *https://www.derstandard.at/story/2000051259110/warum-sich-lehrlinge-nach-dem-starken-mann-sehnen*

32 *https://www.deutschlandfunkkultur.de/klaus-theweleit-ueber-maennerphantasien-die-angst-vor-der.1008.de.print?dram:article_id=462394*

33 *https://www.deutschlandfunkkultur.de/klaus-theweleit-ueber-maennerphantasien-die-angst-vor-der.1008.de.print?dram:article_id=462394*

34 vgl. Hans Ulrich Gumbrecht: *Brüchige Gegenwart. Reflexionen und Reaktionen.* Stuttgart, Reclam, 2019.

35 Dagmar von Doetinchem, Klaus Hartung: Zum Thema Gewalt in Superheldencomics. In: Lukas Etter; Thomas Nehrlich; Joanna Nowotny (Hrsg.): *Reader Superhelden. Theorie – Geschichte – Medien.* Bielefeld, transcript, 2013, S. 314.

36 *https://www.bmfsfj.de/blob/93970/957833aefeaf612d9806caf1d147416b/gewalt-paarbeziehungen-data.pdf*

37 *https://www.interventionsstelle-wien.at/publikationen-statistiken*

38 *https://www.youtube.com/watch?v=amoAYIfj6X8*

39 *https://www.faz.net/aktuell/feuilleton/debatten/die-weisse-scharia-faschismus-und-maennlichkeit-15365778.html*

40 *https://www.derstandard.at/story/2000111405118/was-der-staat-bei-gewalt-gegen-frauen-uebersieht*

41 *https://www.derstandard.at/story/2000051640972/das-geschwaechte-geschlecht-wann-ist-ein-mann-ein-mann*

42 *https://www.derstandard.at/story/2000051640972/das-geschwaechte-geschlecht-wann-ist-ein-mann-ein-mann*

43 Elisabeth Badinter: *XY – Die Identität des Mannes.* München/Zürich, Piper, 1993, S. 164f.

44 *http://www.statistik.ct/web_de/statistiken/gesundheit/todesursachen/todesursachen_im_ueberblick/*

45 *https://www.motherjones.com/politics/2012/12/mass-shootings-mother-jones-full-data/*

46 *https://www.derstandard.at/story/2000051426905/migrationsexpertin-es-geht-um-klassenzugehoerigkeit*

47 *https://rm.coe.int/CoERMPublicCommonSearchServices/DisplayDCTMContent?documentId=0900001680462535*

48 *https://religion.orf.at/stories/2989484/*

49 *https://www.derstandard.at/story/2000110661047/landesrechnungshofmahnt-kraeftigen-ausbau-bei-frauenhaeusern-ein*

50 *https://www.derstandard.at/story/2000084071322/frauenprojekte-in-oesterreich-von-massiven-budget-kuerzungen-betroffen*

51 *https://noe.orf.at/v2/news/stories/2541766/https://www.faz.net/aktuell/gesellschaft/kriminalitaet/krimi-nologe-christian-pfeiffer-ueber-maennliche-dominanz-16466494.html*

52 *http://www.frauenberatung.at/index.php/sexuelle-gewalt/fakten-zahlen*

53 *https://twitter.com/jordanbpeterson/status/913533213301182465?lang=en*

54 *https://www.nytimes.com/2018/05/18/style/jordan-peterson-12-rules-for-life.html*

55 *https://www.theguardian.com/world/2019/sep/27/alek-minassian-toronto-van-attack-interview-incels*

56 *https://www.youtube.com/watch?v=kGFWovUuWak*

57 *https://www.derstandard.at/story/2000092615853/incels-recht-auf-sex-als-radikale-ideologie*

58 *https://m.faz.net/aktuell/gesellschaft/kriminalitaet/kriminologe-christian-pfeiffer-ueber-maennliche-dominanz-16466494.amp.html?GEPC=s3&__twitter_impression=true*

59 *https://www.derstandard.at/story/2000051640972/das-geschwaechte-geschlecht-wann-ist-ein-mann-ein-mann*

60 Simone de Beauvoir: *Das andere Geschlecht. Sitte und Sexus der Frau*. Hamburg, Rowohlt 1992, S. 334.

61 Elisabeth Badinter: *XY – Die Identität des Mannes*. München/Zürich, Piper, 1993, S. 43.

62 Esther Vilar: *Der dressierte Mann. Das polygame Geschlecht. Das Ende der Dressur*. München, Deutscher Taschenbuchverlag 1987, S. 242.

63 Sören Kierkegaard: *Der Begriff Angst./Die Krankheit zum Tode*. Wiesbaden, Marix, 2005, S. 178.

64 Ebenda S. 178.

65 *https://religion.orf.at/stories/2986029/*

66 *Ebenda.*

67 *https://www.blick.ch/news/politik/interview-mit-dem-deutschen-philosophen-peter-sloterdijk-man-sollte-nie-etwas-fuer-unmoeglich-halten-id6391441.html*

68 *https://www.handelsblatt.com/politik/international/davos2019/klimaaktivistin-greta-thunberg-ich-will-dass-ihr-in-panik-geratet/23909918.html*

69 *https://orf.at/v2/stories/2069483/2069484/*

70 *https://www.politico.eu/article/donald-trump-has-no-fear-makes-nixon-look-like-a-cream-puff/*

71 Ebenda S. 181.

72 *https://www.zeit.de/zeit-wissen/2009/05/Dossier-7-Fragen/seite-2, abgerufen am 28.11.2019*

73 Elisabeth Badinter: *Der Konflikt: Die Frau und die Mutter*. München, C.H. Beck, 2010, S.16.

74 *https://www.derstandard.at/story/2000105111220/studie-menschen-aus-wohlhabenden-laendern-vertrauen-impfungen-am-wenigsten*

75 *https://www.diepresse.com/5610281/masern-legen-klagenfurter-busverkehr-lahm*

76 *https://www.derstandard.at/story/2000102133242/trump-ruft-zu-masern-impfung-auf*

77 *https://www.zeit.de/zeit-wissen/2009/05/Dossier-7-Fragen/seite-3*

78 *https://www.theguardian.com/world/2013/oct/20/young-people-japan-stopped-having-sex*

79 *https://tinder.com/?lang=de*

80 *https://religion.orf.at/stories/2986029/*

81 *https://twnews.ch/ch-news/jeder-vierte-im-alter-von-45-hat-erektionsprobleme*

82 Byung-Chul Han: *Die Austreibung des Anderen: Gesellschaft, Wahrnehmung und Kommunikation heute*. Frankfurt/Main, S. Fischer, 2016, S. 96f.

83 Jochen Hörisch, *Eine Geschichte der Medien*, Frankfurt/Main, Suhrkamp, 2004, S. 163.

84 *https://kurier.at/thema/smartphones-wir-streicheln-quasi-unsere-herrscher/400518655*

85 *https://datum.at/wo-die-liebe-hinklickt/*

86 *Ebenda.*

87 Sigmund Freud: *Studienausgabe, Band V Sexualleben*. Frankfurt am Main, S. Fischer, [4]1972, S. 56.

88 *Elisabeth Badinter: XY – Die Identität des Mannes. München/Zürich, Piper, 1993, S. 52f.*

89 *https://www.nzz.ch/wer-steckt-hinter-dem-rat-in-nietzsches-zarathustra-beim-gang-zu-frauen-die-peitsche-nicht-zu-vergessen-1.18079205*

90 Elisabeth Badinter: *XY – Die Identität des Mannes*. München/Zürich, Piper, 1993, S. 31.

91 *https://www.augsburger-allgemeine.de/wissenschaft/Genderforscherin-Maennlichkeit-ist-erklaerungsbeduerftig-id56009346.html*

92 *https://www.derstandard.at/story/2000051640972/das-geschwaechte-geschlecht-wann-ist-ein-mann-ein-mann*

93 Elisabeth Badinter: *XY – Die Identität des Mannes*. München/Zürich, Piper, 1993, S. 35.

94 Dagmar von Doetinchem, Klaus Hartung: Zum Thema Gewalt in Superheldencomics. In: Lukas Etter; Thomas Nehrlich; Joanna Nowotny (Hrsg.): *Reader Superhelden. Theorie – Geschichte – Medien*. Bielefeld, transcript, 2018, S. 313.

95 Elisabeth Badinter: *XY – Die Identität des Mannes*. München/Zürich, Piper, 1993, S. 87.

96 *https://www.zeit.de/2016/03/erziehung-maennlichkeit-islam-mutter-macho*

97 Sineb El Masrar: *Muslim Men. Wer sie sind, was sie wollen*. Freiburg/Breisgau, Herder, 2018, 193.

98 *https://www.derstandard.at/story/2000084064741/politologin-die-denkarbeit-fuer-gleichberechtigung-ist-bedroht*

99 Elisabeth Badinter: *XY - Die Identität des Mannes.* München/Zürich, Piper, 1993, S. 216.

100 *https://www.theguardian.com/globa -development/2019/jun/03/not-one-single-country-set-to-achieve-gender-equality-by-2030?CMP=Share_AndroidApp_Tweet*

101 Teile dieses Abschnitts gehen auf den Artikel „*Die neue Verklemmtheit*" von Lisz Hirn, in „*Playboy*" (Ausgabe September 2019), S 52 f. zurück.

102 Dagmar von Doetinchem, Klaus Hartung: Zum Thema Gewalt in Superheldencomics. In: Lukas Etter; Thomas Nehrlich; Joanna Nowotny (Hrsg.): *Reader Superhelden. Theorie – Geschichte – Medien.* Bielefeld, transcript, 2018, S. 314.

103 *https://www.nzz.ch/feuilleton/slavoj-zizek-feministinnen-rauben-dem-weiblichen-koerper-den-reiz-ld.1462142*

104 *https://de.wikisource.org/wiki/Das_Recht_auf_Faulheit*

105 *http://www.zeno.org/Philosophie/M,Nietzsche,+Friedrich/Menschliches,+Allzumenschliches/Erster+Band/Fünftes+Hauptstück.+Anzeichen+höherer+und+niederer+Kultur/285.+Die+moderne+Unruhe*

106 *https://www.amazon.de/Muse-2-the-Brain-Sensing-Headband/dp/B07HL2S9JQ*

107 *https://ouraring.com*

108 *https://www.diepresse.com/5290518/wie-viel-faulheit-braucht-der-mensch*

109 *https://oesterreich.orf.at/stories/3015722/*

110 Dagmar von Doetinchem, Klaus Hartung: Zum Thema Gewalt in Superheldencomics. In: Lukas Etter; Thomas Nehrlich; Joanna Nowotny (Hrsg.): *Reader Superhelden. Theorie – Geschichte – Medien.* Bielefeld, transcript, 2018, S. 316.

111 *https://www.welthungerhilfe.de/presse/pressemitteilungen/2019/welthunger-index-klimawandel-verstaerkt-hunger/*

112 *http://www.haraldlemke.de/texte/Lemke_Vorstudie.pdf*

113 *https://www.augsburger-allgemeine.de/wissenschaft/Genderforscherin-Maennlichkeit-ist-erklaerungs-beduerftig-id56009346.html*

114 *https://www.thenation.com/article/climate-change-naomi-klein/*

115 *https://twitter.com/rendiwagner/status/1160137204645203969?lang=de*

116 *https://www.derstandard.at/story/2000108336530/klimapolitik-die-neue-arena-des-kulturkampfs*

117 *https://www.derstandard.at/story/2000108330015/klimaschutz-zwischen-apokalypse-und-gelassenheit*

118 *https://www.thenation.com/article/climate-change-naomi-klein/*

119 *https://orf.at/stories/3141823/*

120 *https://www.nature.com/articles/s41560-019-0497-9*

121 *https://www.wienerzeitung.at/nachrichten/reflexionen/vermessungen/940508-Der-musealisierte-Natio-nalstaat.html?em_cnt_page=2*

122 *https://www.bertelsmann-stiftung.de/de/themen/aktuelle-meldungen/2018/juni/industrielaender-sind-die-gewinner-der-globalisierung/*

123 *https://www.bertelsmann-stiftung.de/fileadmin/files/user_upload/EZ_eupinions_Fear_Studie_2016_DE.pdf*

124 Michel Foucault, *Analytik der Macht,* Suhrkamp, Frankfurt, 2005, S. 233.

125 Ebenda S. 233.

126 *https://de.statista.com/statistik/daten/studie/156902/umfrage/sterbefaelle-in-deutschland/*

127 *https://www.apa.at/Site/News.de.html?id=6351778094*

128 Aristoteles: *Nikomachische Ethik.* Rowohlt, Reinbek 2006.

129 *https://journals.openedition.org/trajectoires/138*

130 *https://www.derstandard.at/story/2000111053393/genderklischees-jungs-lernen-nicht-dass-frauen-ih-nen-vorbilder-sein-koennen*

131 *https://www.nzz.ch/feuilleton/wer-hat-noch-den-mut-tapfer-zu-sein-ld.1352074*

132 *Ebenda.*

133 *https://www.derstandard.at/story/2000110270920/reden-ueber-terror-unmaennliche-feigheit*

134 Carl von Clausewitz: *Vom Kriege.* Köln, Anaconda, 2018, S. 23ff.

135 Simone de Beauvoir: *Das andere Geschlecht. Sitte und Sexus der Frau.* Hamburg, Rowohlt 199, S. 89ff.

136 *http://www.gwi-boell.de/sites/default/files/uploads/2014/04/maennlichkeit_krieg_nr.10.pdf*

137 *https://www.bundeswehr.de/portal/a/bwde/start/streitkraefte/truppe/frauen/*

138 *https://www.parlament.gv.at/PAKT/PR/JAHR_2019/PK0390/index.shtml*

139 *Ebenda.*

140 *https://www.srf.ch/news/schweiz/mehr-frauen-in-uniform-offiziere-wollen-5000-zusaetzliche-soldatinnen*

141 *https://orf.at/stories/3099997/*

142 Esther Vilar: *Der dressierte Mann. Das polygame Geschlecht. Das Ende der Dressur.* München, Deutscher Taschenbuchverlag 1987, S. 338.

143 *https://www.diepresse.com/5062649/norwegens-frauen-mussen-in-die-kasernen-einrucken*

144 *http://www.gwi-boell.de/sites/default/files/uploads/2014/04/maennlichkeit_krieg_nr.10.pdf*

145 Esther Vilar: *Der dressierte Mann. Das polygame Geschlecht. Das Ende der Dressur.* München, Deutscher Taschenbuchverlag 1987, S. 338.

146 *http://www.gwi-boell.de/sites/default/files/uploads/2014/04/maennlichkeit_krieg_nr.10.pdf*

147 *http://www.bundesheer.at/archiv/a2019/*
unserheer2030/pdf/zustandsbericht_unserheer2030.pdf

148 *https://www.derstandard.at/story/2000097583487/oberstleutnant-liebe-staatenlenker-ueberlegt-wo-*
wir-uns-hineinentwickeln

149 *https://datum.at/krieg-der-maeuse/, abgerufen am 11.10.2019*

150 Hans Ulrich Gumbrecht: *Brüchige Gegenwart. Reflexionen und Reaktionen.* Stuttgart, Reclam 2019, S. 101.

151 Markus Reisner: *Robotic wars. Legitimatorische Grundlagen und Grenzen des Einsatzes von Military Unmanned Systems in modernen Konfliktszenarien.* Berlin-Spandau, Miles, 2018, S. 277.

152 *https://orf.at/stories/3137499/*

153 *https://orf.at/stories/3145296/*

154 *https://www.sueddeutsche.de/politik/soldaten-militaer-wehrpflicht-gesellschaft-1.4710940*

155 *https://twitter.com/realDonaldTrump/status/1181232249821388801?ref_src=twsrc%5Etfw*

156 Dagmar von Doetinchem, Klaus Hartung: Zum Thema Gewalt in Superheldencomics. In: Lukas Etter; Thomas Nehrlich; Joanna Nowotny (Hrsg.): *Reader Superhelden. Theorie – Geschichte – Medien.* Bielefeld, transcript, 2018, S. 314ff.

157 Hans Ulrich Gumbrecht: *Brüchige Gegenwart. Reflexionen und Reaktionen.* Stuttgart, Reclam 2019, S. 101.

158 *https://www.sueddeutsche.de/politik/soldaten-militaer-wehrpflicht-gesellschaft-1.4710940*

159 *https://twitter.com/akparti/status/995913654116737026?lang=de*

160 Hans Ulrich Gumbrecht: *Brüchige Gegenwart. Reflexionen und Reaktionen.* Stuttgart, Reclam 2019, S.103.

161 Elisabeth Badinter: *XY - Die Identität des Mannes.* München/Zürich, Piper, 1993, S. 118.

162 *https://www.faz.net/aktuell/feuilleton/debatten/die-weisse-scharia-faschismus-und-maennlich-*
keit-15365778.html

163 Sineb El Masrar: *Muslim Men. Wer sie sind, was sie wollen.* Freiburg/Breisgau, Herder, 2018, 168f.

164 *https://www.aerzteblatt.de/archiv/68032/Muskeldysmorphie-Die-geheimen-Leiden-starker-Maenner*

165 *Ebenda.*

166 Byung-Chul Han: *Psychopolitik. Neoliberalismus und die neuen Machttechniken.* Frankfurt/Main, S. Fischer, 42014, S. 83.

167 *http://www.arbore.de/Literaturen/Peller_NoPainNoGain.pdf*

168 *https://www.spiegel.de/wissenschaft/mensch/hirnforschung-kampfsportler-spueren-weniger-*
schmerzen-a-721138.html

169 *Ebenda.*

170 *http://www.gutenberg.org/files/38295/38295-h/38295-h.htm*

171 *https://gutenberg.spiegel.de/buch/emil-oder-ueber-die-erziehung-erster-band-3811/1*

172 *http://www2.ibw.uni-heidelberg.de/~gerstner/V-Kant_Ueber_Paedagogik.pdf*

173 *http://www.arbore.de/Literaturen/Peller_NoPainNoGain.pdf*

174 *http://www.arbore.de/Literaturen/Peller_NoPainNoGain.pdf*

175 *https://science.orf.at/m/stories/2908753/*

176 *https://kurier.at/leben/altersforschung-der-streit-um-das-ewige-leben/400645187*

177 Byung-Chul Han: *Psychopolitik. Neoliberalismus und die neuen Machttechniken.* Frankfurt/Main, S. Fischer, 42014, S. 45.

178 Marshall McLuhan: *Die mechanische Braut. Volkskultur des industriellen Menschen.* IN: Lukas Etter; Thomas Nehrlich; Joanna Nowotny (Hrsg.): *Reader Superhelden. Theorie - Geschichte - Medien.* Bielefeld, transcript, 2013, S. 266.

179 Byung-Chul Han: *Psychopolitik. Neoliberalismus und die neuen Machttechniken.* Frankfurt/Main. S. Fischer, 42014, S. 30f.

180 Immanuel Kant: *Beantwortung der Frage: Was ist Aufklärung? (1784).* In: Werke. Hg. v. W.Weischedel. Bd.XI. Frankfur-/M 1977, 53-61; hier: S. 53 (online)

181 *https://www.zeit.de/2013/20/transhumanismus-philosoph-stefan-lorenz-sorgner/komplettansicht?print*

182 *Ebenda.*

183 *https://www.au.dk/furuyama/boger/essay/*

184 *https://reason.com/2004/08/25/transhumanism-the-most-dangero/#*

185 *https://sciencev2.orf.t/stories/1726950/index.html*

186 Änne Söll, Friedrich Weltzien: *Spider-Mans Heldenmaske. Kampf um Männlichkeit im Superheldengenre.* IN: Lukas Etter; Thomas Nehrlich; Joanna Nowotny (Hrsg.): *Reader Superhelden. Theorie - Geschichte - Medien.* Bielefeld, transcript, 2018, S. 160.

187 Marshall McLuhan *Die mechanische Braut. Volkskultur des industriellen Menschen.* IN: Lukas Etter; Thomas Nehrlich; Joanna Nowotny (Hrsg.): *Reader Superhelden. Theorie - Geschichte - Medien.* Bielefeld, transcript, 2018, S. 266.

188 Jörg Hardy; Christoph Schamberger: *Logik der Philosophie.* Göttingen, Vandenhoeck & Ruprecht, 22018, S. 24ff.

189 *https://www.youtube.com/watch?v=suX147xwWg4,*

Alle angegebenen Internetquellen wurden zuletzt im Spätherbst 2019 aufgerufen.

Thank you for reading!

Möchten Sie mit der Autorin in Kontakt treten? Wir freuen uns auf Austausch und Anregung unter leserstimme@styriabooks.at

Inspirationen, Geschenkideen und gute Geschichten finden Sie auf **www.styriabooks.at**

© 2020 by Molden Verlag
in der Verlagsgruppe Styria GmbH & Co KG
Wien – Graz
Alle Rechte vorbehalten.

ISBN 978-3-222-15050-0

Bücher aus der Verlagsgruppe Styria gibt es in jeder Buchhandlung und im Online-Shop www.styriabooks.at

Projektleitung und Lektorat Ulli Steinwender
Covergestaltung Emanuel Mauthe
Coverfoto Harald Eisenberger
Layout & Buchgestaltung Buero Blank / Caroline Plank-Bachselten

Druck und Bindung: Finidr
Printed in the EU
7 6 5 4 3 2 1